Global Issue Urban Refugees

グローバル・イシュー ●都市難民

小泉康一 Koichi Koizumi

ナカニシヤ出版

まえがき

現代の世界では、人々が迫害、戦火、飢餓を逃れ、あるいはダム等の大規模な開発、気候変動といった様々な原因のために、移動を強いられ、彼ら（難民・強制移動民）の保護と援助の必要性が出ている。冷戦終結以後、この強制移動の問題は、改めて関心を呼んでいる。

国連難民高等弁務官事務所（ＵＮＨＣＲ）は二〇一四年の報告書の中で、戦火、紛争、迫害のため、世界中で推定六〇〇〇万人以上が居住場所を離れ、その数は記録的な数字になったという。これらの人々のうち、二〇〇〇万人は国境を越えて逃れ、さらにこれらの難民人口の半分以上は子供である。

マス・メディアは二〇一五年、欧州に流入する人々の増大を、〝難民危機〟として連日報じた。海上での溺死、勾留センターでの虐待、難民キャンプのひどい状況がメディアに報じられ、欧州での庇護を求めて、命を危険にさらす人々の数は着実に上昇していることが明らかになっている。

ただし、〝危機〟という言葉使いは、国家側からの見方で、欧州への難民の到着と受け入れ国への課題を強調するために使われる。難民が危機を通じて、人間としての力や技能を使って生きてきた点は無視される。

難民の発生地は主に途上国であり、負担と責任の多くが途上国にかかっている。途上国は難民全体の一〇分の九を受け入れている。発生の周辺国、域内・域外諸国、人道機関は、難民発生で生じる社会的、経済的、政治的な結果に対応するために苦闘している。

紛争は長引き、自国へ戻ること（帰還）もできず、かといって難民を快く受け入れてくれる国（第三国定住）もなかなか存在せず、難民はとりあえず受け入れてくれた国（第一次庇護国、発生国の周辺国が多い）に益々滞留している。難民や国内避難民の大半は、国連や受け入れ国が設営した難民キャンプには入らず、〝南〟の国々の住民の中で事実上、生活している。

特に、国内避難民は世界の難民人口を絶えず上回っており、難民と同じように、新しい土地・社会へいかに統合されるのかという課題がある。定住後も、新しい社会の少数者として、数多くの統合の課題に直面させられているのが現状である。換言すれば、統合に伴う費用のほかに、統合の意味・概念を十分に考え、異なる状況において、どう効果的に統合を進めるかというのを理解することが、緊急に必要とされている。

† 未来の希望のために人は命をかける

難民が被る悲惨な経験は、人々の関心を引く。難民は、母国に残された家族とのつながりを断たれ、逃亡中に人命を失い、財産を喪失し、複雑怪奇で混乱した各国の移民・難民政策の管轄下におかれ、硬直した官僚的な対応をうけ、嫌悪と歓迎の入り混じった社会に到着する。

問題は絶えず大きくなっているように見えるが、解決策は一向に乏しい。解決への方策はかなり地域的に取り組まれているが、問題の性質自体は益々、対象となる範囲がグローバル化しているように感じられる。

【通過国トルコの事例】

あるシリア難民の男性は言う。「私はかつて、死の船で陸地を離れる人々を無謀な人たちだと思っていた。しかし今や、私はここ（トルコ）には未来がなく、むしろチャンスにかける気になった」。祖国を暴力のために追い出され、流れ着いた庇護国でも身の安全は得られず、人々は〝ボート・ピープル〟（boat people）となって、地中海そしてあらゆる海域で、庇護と安全と自由を求めて、危険な旅を続けている。多くの人が危険な旅で命を落とし、目的地についた人々は入国を拒否され、勾留されている。

欧州への難民・移民の大量流入の背景には、原因国シリアなどの周辺国に設置された難民キャンプでの国内外からの支援体制の弱体化が言われる。ドナー（主に先進国）からの資金難で、UNHCRなどの国連機関が食糧援助を減らしたり、病院や学校を閉鎖したりしたことが、EUへの大量の難民移動につながっているという見方がある。

シリア、イラク、リビア、イエメンから、あるいはアフリカの角地域やサヘル（サハラ砂漠以南のアフリカ諸国、最貧国が多い）から、人々は欧州へ向けて、北アフリカ、中東の国々を一時通過する。次いで、バルカン諸国や東欧諸国からの人々と交差する。通過される北アフリカ、中東、さらに東欧の国々の反応は様々である。

中東での難民の受け皿、つまり庇護国であるトルコの状況は複雑である。東と西をつなぐ地理的な位置にあるため、トルコは長いこと、西欧へ向かう難民や移民の通過国となってきた。二〇一一年に始まったシリア危機はその後、一一〇〇万人の国内避難民と難民を生み出した。人種的・民族的および宗教的な意味づけが、〝西側世界〟と〝中東アラブ世界〟を対立させている。

紛争の初期には、シリア人の多くはトルコ語を学ばず、帰国を待ってシリアとの国境に近いトルコ南東部に住んでいたが、しかし紛争が長期化する様相になったので、多くのシリア人は職を求めてイスタンブールに移り住んだ。トルコでのシリア人の受け入れは、他の周辺国よりも良かったが、言葉の壁、雇用上での差別など、多くの課題に直面した。賃金はトルコ人の半分、医療施設や学校の利用は難しかった。彼ら難民は、戻るに戻れず、前にも進めない閉じ込められた状況に置かれた。

トルコはシリア難民の大量流入で、移住管理の新しい部署を設け、二〇一三年「外国人と国際保護」の新しい法律を施行し、全てのシリア人を一時的な国際保護下においた。新法では、シリア人は難民認定の手続きを経ることなく、滞在が許可された。難民は紛争が収まり次第、シリアに戻らねばならないという条件が付されていた。ＵＮＨＣＲの手助けで、拷問の犠牲者、高齢者、幼児を帯同する女性、特別医療の必要な人が選ばれて定住させられているが、実施するには長い時間を要し、その間に人々はトルコでの滞在費が底をつき、生活が困難に陥っている。そのため、多くの人は彼らを支援し、庇護し、受け入れてくれると信じる目的国にたどり着くための最も安価で、現実的な方法をとり出した。

難民が庇護を求めて通過する国には、他にギリシア、リビア、モロッコ、メキシコ、インドネシアなどが著名である。インドネシアは難民が通過する国として、目的国となるオーストラリアから国境管理の厳格化を求められ、流入する難民・庇護申請者の保護や勾留策で腐心している。

典型的な通過国、例えばメキシコやモロッコなどの研究から、通過国の特徴としては大略四点あることが明らかになっている。①十分発展した先進国と国境を接するか、近距離にある。②国外への移住率が高く、逆に入国する移民の割合はかなり低い。③難民が目指す国は国境警備が厳しいため、目的国に入るための周到な準備の場となる。④通過国は抑制的な入国政策と措置をとっており、他方目的国からの激励や財政支援をあまり受けていない、ことが知られている。

†都市に流入・滞留する難民

世界の多くの地域での紛争の状況は、見たところ自地域・自国に戻り再び社会に統合される見込みはなく、人々に一層の移動を強いて、都市に留まるようにさせている。南米コロンビアの都市には、元々の住民人口より多い国内避難民がいるし、イラクの都市には国内避難民と帰国した難民が大量に滞留して、自分たちの元の居住地に戻って住むことができない。イラクでは民族的、宗教的な住み分けがあり、戻ってもその土地で少数者になれば、新たな暴力事態が発生して安全が確保できない。

リベリアの首都モンロビアは、紛争のせいで都市が拡大した、典型的な例である。さらに農村の疲弊があり、部族間の争いが継続し、状況は悪化している。一九八九〜二〇〇三年の内戦中、モンロビアや他の都市に逃れたリベリア人に、UNHCR等がいくらかの人道援助を与えた。二〇〇五年以降、UNHCRは帰還計画を行ない、政府は彼らを国内避難民と分類することをとりやめた。しかし、多くの人々が特に、モンロビアに留まっている。帰還地は安全面に不安があり、土地はすでに他人に略取され、農村部で再び生計を立てるのは難しかった。

新しく独立を達成した南スーダンでは、都市流入の別の理由がある。以前は農村に暮らしていたが、内戦で都市に逃亡、今や都市の生活に慣れた人々が農村に戻ろうとしている。数十年間、南スーダンでの内戦を逃げ出した人々にとっては、難民キャンプや首都ハルツーム郊外や他の都市での避難生活は困難をきわめた。彼らは、二〇〇五年の紛争終結と南スーダンの二〇一一年の独立で益々、元の居住地に帰還を始めた。国連人道機関は、バス輸送という手段を提供したが、すでに都市化した人々には農業技術も知識もほとんどなかった。村々の状況は原始的で、部族毎の暴力行為が蔓延し、生活のための医療、教育、福祉のサービスは全くなかった。

農業への準備もなく行政の保護とサービスを受けることもなかった多くの人々は、村から都市へと第二次移動、特に首都のジュバ（Juba）に移動した。事情にあらかじめ通じていた南スーダン人は、直接ジュバに移動した。しかし南スーダンの都市は、近年まで小さな町で新着者を受け入れる余裕は全くなかった。

そうした中で、都市は混雑し、過密化し、危険になる。アフガニスタンの主要都市、特にカブールはパキスタンやイランから戻り、元の村に戻る代わりに、都市にやって来た人々に対応できていない。都市の基盤整備や社会制度を見直し、強化することが第一と、人道機関と開発機関に理解されているが、当面の緊急ニーズに応えるので精一杯となっている。

†追い付かない当局の対応

人々が都市へ「危機移動」することは、歴史上新しいことではないが、今日においては、紛争、環境悪化、農村経済を損なう経済モデルの実施という事柄が複合した結果、都市への前例のない移動が起きている。肯定的な面では、都市空間が、貧困対策、行政サービスや経済機会を創出する主要な場であることを、専門家や政策立案者が気づいていることである。否定的な面としては、行政当局、ドナー、国際機関、人道機関が共通して懸念するように、都市の拡大という事態にある。見方としては非常に疑問が残るものの、関係者に広く思われていることは、都市は農村からの移動民にはふさわしくない場所であり、都市の繁栄には好ましくないという考え方である。彼らにとって基本的に重要なことは、危機の予防と管理であり、保護の仕組みを改善して都市での危機に対応する活動が重要と考えられるためである。

法的地位の不確かな移民、そして特に難民・庇護申請者は都市への流入後、ある特定の場所へ赴く。それらの場所は、コンクリート造りの都市区域の中で、特定の場であり、特定の定住の形を割り当てられている。建物の多くは、内的外的に構造が十分ではなく、長期の居住には向かないにもかかわらず、同じような境遇、地位の人々を居住させる集合住居である。庇護申請（難民認定の申請）の審査期間中は、移動の自由や活動を制限される。審査期間自体が長期化しているため、割り振られた束縛期間は数ヵ月、何年と続く。

自然災害や人為的な工業災害（工場爆発など）、伝染病が都市で発生すれば、無秩序に移動してきたことで、人々は健康面でさらに悪化する怖れがある。都市に流入する人々の中で、次の二つの範疇の人々には特別の懸念がある。第一は、紛争関連の政治的事柄が原因の移民。第二は、環境悪化やその悪化過程にあることで逃げ出した、災害関連の脆弱な移民。二つの範疇の人々は都市で混じり合い、他の農村からの移民や失業中の若者と混じり合う。

都市に流入した難民・避難民には、行政サービスが十分ではない傾向がある。彼らは地元住民の中に隠れて住むので、信頼性のある基本的なデータを得ることは難しい。データがない中で、政策や援助を実施すると、国民の疑惑や政治的抵抗が現われてくる。同じように貧しい境遇にありながら、援助が与えられない地元住民の怒りが現われてくる。その結果、様々な政策の導入にもかかわらず、あるいは政策自体が障壁となって、難民・避難民は差別され、彼らは受け入れ国の貧困層と一緒に扱われている。

都市での人道援助は、最小限はある。人道機関は、紛争、災害、環境悪化による犠牲者に都市で対応するように動いている。何人かにはそれで十分だが、他の人々には保護がないことは、危険であり、住む所も不適切となっている。ＵＮＨＣＲもＮＧＯも、都市での人々の保護を改善する必要を強く感じてきており、従来の農村地域での難民キャンプ中心の援助から方針を転換して、都市での活動を拡大している。しかし人道機関には、都市に避難した人々を見出し守る上で、経験のあるスタッフを欠くという悩みがあるのも事実である。

都市計画者は、都市が各種サービスを実施し、経済機会を創出する主要な場であることに気づいてはいるが、しかしこうした急速な都市化を生み出す問題の構造を十分理解していないように見える。開発機関も同様で、しばしば誤って、危機移動は一時的な現象だとして、根本は人道問題と考えている。スラムの排除を含めた都市改革事業は、有効な開発手段ではあるが、不幸にも、危機で移動した移民（危機移民）や難民は一般に好感を持たれてはいないので、地方行政が都市計画を実施する際には、彼らの問題や窮状は考慮されない傾向がある。加えて、周辺地に住まう貧しい人々は真っ先に立ち退かされる。

都市で援助活動をする団体は近年まで、一般に元の地域社会に戻る人々を援助することに焦点を合わせたり、ストリート・チルドレンや人身売買の女性のような都市人口の特定の部分に対し、プロジェクトを行なってきた。しかし特に重要なことは、人道機関は開発機関や政府と緊密に協働することが必要な点である。これらの事業の中心となるのは、権利、貧困、脆弱性や社会的な疎外の問題であり、人々の避難と密接につながっている。

近年の国際的な動きとしては、国連の「機関間常設委員会」（the Inter-Agency Standing Committee, IASC）が災害関連で出した、「実施上の指針」（*Operational Guidelines on the Protection of Persons in Situations of Natural Disasters*）と世界銀行の文書（*Populations at Risk of Disaster: A Resettlement of Populations at Risk of Disaster: Experiences from Latin America*）は人権と成功例の観点から、災害関連の問題に取り組んでいる。

紛争と環境悪化と気候変動の影響が、人々に継続的な移動を強制し、以前に確立をみた国内外の移動ルートをたどらせている。都市への人々の流出は、都市の資源や環境を悪化させ、新着者は過密地に住む以外に道はない。

非公式な居住地であるスラム、そこには環境上の危険が多い。都市での土地所有権や環境上の危険性は、紛争下の農村部と同様に、緊急に対応すべき課題となっている。

定住のために適地があるか否かの問題は、都市でも農村でも決定的に重要である。所有権と法的な所有資格を得る手続きは、慣習的であれ公式的であれ、確立されねばならず、法とその手続きは開発されねばならない。

都市計画はしばしば、新着の住民が必要とするものを無視するが、人口密集地や不法占拠の土地では、その場に長く居住している人々のほかに、近年の新しい移住者の利益になるように法的に定められる必要がある。

† 労働許可と教育

庇護、もしくは登録のために、避難した人々は多くの時間を費やさねばならない。これらの事柄は、人々の生活の中心部分を占める。雇用、教育、社会生活には制約が広範に及び、ただ待つだけの無為な時間を過ごさねばならない。

最終的な落ち着き先が定まらない中で、避難状況が五年以上続く場合を、ＵＮＨＣＲは便宜上「滞留」と呼んでいるが、難民による地元経済への影響（あるいは貢献）を明らかにする必要性が出ている。ＵＮＨＣＲは自らが関与している難民の四分の三が滞留し、二〇一一年末で七一〇万人、そうした難民は二六ヵ国にいるとしている（UNHCR 2012）。

変化する環境の中で、難民・避難民は強いられた移動の〝陰の部分〟を知るかもしれない。難民・庇護申請者という、以前考えたこともなかった、「自分ではない立場」になることを学ばねばならない。新たな国への移動のために、密輸ブローカーと取引したり、だまされて人身売買されることがあるかもしれない。人身売買は、しばしば強いられた移動の中の一種の特有な問題である。

待つ間、言葉の学習をということはよく耳にするが、実態はなかなか難しい。受け入れ国の公教育に登録できる場合もあるが、大半は難民キャンプ、宗教団体等による随意の非正規の学習で、移動中の一時的な学習となる。新着の難民の若者や子供たちは、新しい社会環境への適応の際に求められる知識や技術を学ぶことが重要だが、教育はもっぱら受け入れ国の視点と見通しから行なわれている。

世界の難民の約半分は、労働年齢人口（一八〜五九歳）の中にある。タイでは例えば、農村地区での移民労働者としてビルマ難民を雇用し、利益を得ている。ビルマ人はタイの非正規労働部門で長時間働く一方、タイ政府は正規の移民労働計画を作り、今日国際的な難民の定義に適う約一三〇万人の移民労働者を雇っている。さらに、推定一〇〇〜一五〇万人の未登録のビルマ難民や移民が、許可なく同国で働き続けている。そのことが、タイ社会での地方の貧困の解消に役立ち、成長を支えている。

タイは、正規の移民労働計画で雇用されたビルマ人に難民の地位を認めていないが、そのことは、労働者の家族にとって法的地位と保護を欠く状態が、雇用期間中続くことになる。労働市場の間隙を埋めるビルマ人労働力の貢献度がいかに高いかを示したのが、一九九七年のアジアでの通貨危機であった。危機を受けて、タイはかなりの数のビルマ難民を国外に追放したが、その後直ちに労働力を失った地域での企業の破産数が劇的に増えた。多くの企業がビルマ人の安価な労働力に頼っていた。

受け入れ国や地域経済への難民の経済的影響を調べた研究（流入数、地元住民に対する難民比率、流入の速度、滞在期間の長さ、経済規模、地理的場所、地元住民に比した難民の技能・教育レベル）は少ないが、ケニアのダダーブ(Dadaab)難民キャンプの調査では、難民は地域社会に肯定的な経済効果をもたらしていた。ソマリア難民が所有する家畜とミルクの販売で、地元のケニア人は利益を得、地元住民はまた、難民キャンプに関連する雇用と商いで利益をあげていた。

世界的に眺めると、難民に労働許可を与えたり、求職のために彼らに移動の自由を与えることには、論議があり、結論はまだ定まっていない。受け入れ国政府は、難民に雇用と移動許可を与えれば、難民が永久に留まり、土地の資源を使い、受け入れ国の文化を変える可能性を怖れている。政府にはまた、職業機会の獲得競争が激しくなることを怖れる、国民からの圧力がある。

難民の労働する権利は、国際難民条約で明確に述べられているが、国内法や行政措置でこれらの権利を認め、実施している国は極めて少ない。経験上では、難民に雇用と自営業を許すことは、難民の受け入れ国には利益となっている。今後は、難民の居住空間、社会構造、権力関係や日常生活に留意して、地元の社会生活、近隣の社会、そしてそれを超えた地理的環境、制度や居住者を包括した調査が求められている。

難民が、受け入れ国で支出し消費を増やして、外部からの援助が乏しくなっても、治安、行政経費（住居、医療、教育等）などの受け入れ国の費用を相殺し、商い（商品、農産品の製造・販売）、サービス産業での雇用で、自給できるような政策が重要である。

†追加策か、全く新しい解決策か

様々な理由から移動する人々と庇護申請者・難民が混じりあって、世界各国の世論や政策対応が混乱している。最も危機に直面している人々が逃げる状況は、生命への怖れ、物理的安全と健康の維持だが、目的地である都市でも、危機はいくらか似たような形で再生される。移動する人々には、受け入れ国側から包摂と排除の政策がとられている。強制移動の人々には、平和時でも様々な状況の下で、排除・追放が行なわれている。そうした事態があっても、国内外の人々からそのことに対する十分な注意が払われることはきわめて少ない現実がある。

紛争、気候変動、環境悪化、災害や開発プロジェクト、ギャングや麻薬取引の犯罪者集団が原因で、避難を余儀なくされた人々の権利を保証する国際的な合意や条約は存在しない。危機的な状況の中で、特に人権や人道法に関する規範、義務や基準が実行に移されないか、実施が不適切なために悲劇は起きている。援助実施上のギャップ、ないし中心的な問題である資金や、各国、各組織間の結束が欠けているため、危機を一層ひどい状態にしている。一般に、彼ら避難する人々への定住について、国際的な制度は対応していない。

強制移動の人々へのこれまでの計画、準備、実施上においては欠陥があり、成功以上にはるかに多くの失敗を重ねてきた。明確なことは、私たちには政治意思がなく、国境を越えることを望む庇護民や移民を守る堅固な制度を発展させることができていないということだ、という指摘もある。

今世紀には強制移住の増加が見込まれる中で、関係者の中には組織的定住地、ないし計画的移転を可能な対策としてあげ、注目する人々がいる。肯定的な面としてあげられるのは、さもなくば何の支援も受けられない人々に、移転は保護という、まず第一に必要とされる事柄を与えるというものである。否定的な面としては、巨大なインフラ事業や開発事業に関連した定住の記録が乏しく、成功例を探すことが難しいことがある。

定住は実際には、責任ある当局により行なわれる。定住がなぜそう頻繁にうまくいかないのかについては、二つの説明がある。①実施にあたり、法的枠組み、政策、資金、管理のような関連する事柄の適切な投入がない。②定住過程には、文化、社会、環境、経済、制度、政治要因の間の複雑な相互作用があり、予想が難しく、合理性のあるやり方ができない、というものである。

紛争、環境悪化そして開発による強制移動による定住プロジェクトでは、適切な物的投入が求められる。定住への適応は多くの段階を経て起こり、長期間を要するので、難民の定住社会は他からの力に頼ることなく、自らの力で持続する社会集団や地域社会として再確立せねばならない。一つの社会として、物質的および文化的に適切なレベルの生活を回復するために、自分たちの社会的、文化的資源を動員せねばならない。

逃亡・避難の社会的、法的、政治的表現としては、シリア難民に代表されるように、難民キャンプではなく、都市に在住する人々としての望みや、解決への選択と好みがある。文化的表現では、絵画、音楽、文学、語りを通しての感覚表現になる。方法論的、倫理的表現としては、通訳者や調査助手として、学問的な調査を助ける重要な役割があるかもしれない。

危機により移動を強いられた、互いに異なる脆弱な移民グループを保護する上で、かなりのギャップがある。課題を分析する上で、ジェンダー、年齢、社会階層、民族は、脆弱性を見つけ出すカギとなる。

どのような状況があれば、難民・避難民は崩壊する土地を離れるのか。国の外で、彼らはどのように生きていこうとするのか。逃亡前、逃亡中、そして逃亡後の難民の課題とは何か。ソーシャル・メディア等を使った国境を越えた連絡と、彼らの持つ資源とはどのようなものか。互いに異なる難民が個別に経た経験を超えて、難民が素顔で見せる強靭さや抵抗はどのようなものか。どんな手段や仕組みで、彼らは損失、忍耐、希望を示しているのか。彼らはどのように未来を感じ、人間としての尊厳、公正、自由という目標を獲得するために、国外で今ある制度に適応し、あるいはたくみに利用しているのか。

他方、逆に様々な関係者や抑圧的な状況から、人々の移動が強制的に止められることも普通になっている。地域社会、国内外、国際の場面で、構造変化が起きたことによる、庇護の拒否、孤立、暴力が多様化し、拡散し、存在と所属を緊張関係においている。避難の状況と庇護についての伝統的な前提が問われている。難民や強制移動民は、世界のあらゆる場所で抑圧され、庇護を求めることが犯罪視され、安全な場所を見つける上で、苦難を経験している。

現在の庇護策の行き詰まりを打開するための方法は、追加措置を工夫すべきなのか、それとも解決法自体を全く新しく変えるべきなのか。現在の法や政策は論理上、この移住の現実や将来の移住の原因を知ることから出ているだろうか。もしそうでないなら、より効果を高めるにはどんな方策をとれば良いのだろうか。

何が現代の移動の政治的、経済的、環境的、社会的、文化的な推進因なのか。含まれる話題は、紛争、統治、人権、低開発、不平等、人口、労働市場、気候変動、砂漠化、旱魃、宗教的・民族的差別、外国人嫌いがある。これらの中で、何が突出しているのか。

新しい知見を得るために、本書では以下、国民国家や国際関係を超えて見ることにする。テーマを深めるには、難民キャンプの状況のほかに、難民の歴史的、文化的な拠り所、逃亡の意味、亡命や強制移住が対象とされる。

グローバル・イシュー——都市難民——
＊
目次

グローバル・イシュー
――都市難民――

序章　問題の概観

いつの日か、イスラエルから出られるのが望みだ。今は不可能だ。スーダンに戻れば、命がない。一方、イスラエルは私をどこにも行かせない。待たねばならない。それがいつ終わるかはわからない。[1]

（二〇〇九年四月、スーダンからのある若い男性難民）

1　はじめに

近年、途上国や中進国の都市区域に避難する、かなり沢山の数の難民の姿が見られるようになってきた。[2] 例えばニューデリーでは、難民の大半は首都デリーに住み、デリー人口約二三〇〇万人の〇・〇〇一％を占める。[3] 学者の間では、「危機移民」[4]（crisis migrants）という用語が言われ始めた。彼ら難民は、自分たちでは全く管理できない出来事や過程に直面して、逃亡が唯一の選択肢である人である。都市は益々、こうした人々の人道的な対応が必要な、主要な場となっている。

難民・避難民の存在は、都市にとって新しい現象ではないが、今日先例のない数の人々が都市へ移動している。

難民は市や町といった都市部に向かい、その傾向は一九五〇年代から見られたが、益々速度を増している。難民と認定された人も、されていない人も益々、長期にわたる難民キャンプ（以下、単にキャンプとも言う）での滞在を避け、受け入れ国（ホスト国）の都市へ移動している。彼らは〝都市難民〟（urban refugees）と呼ばれる。

都市への難民移動はまた、長い旅の始まりとなる。彼らは域内の他国の都市へ、あるいは世界のどこかの都市へ移動するかもしれない。多くの都市が一層、難民・避難民の受け入れに直面している。

都市難民の大半は、「自主定住」である。人口二〇〇万のヨルダン・アンマンの四人に一人が難民である。難民の対人口比では、世界で最も割合が高い。その他例えば、前述のインド・デリーでは、二三〇〇万人中、二万四〇〇〇人、エクアドル・キトでは、一八〇万人中、五万五〇〇〇人である。なお、キトではかなりの割合の難民が登録されていない[5]。不法に入国した人々は、強制退去を避けるために、世界のあらゆる場所でひっそりと暮らしている。世界の都市化の一方で、これらの避難民も都市化し、かつ所在を隠し、確認することが一層難しくなっている。ある推定では、一〇〇〇万人を超えるとも見られている。

都市に避難・流入した人々全体の一六％が先進国に移動し、七〇％以上の五三〇万人が途上国の都市で生活している。今や、国連難民高等弁務官事務所（ＵＮＨＣＲ）が扱う難民の半分以上が都市にいる。世界の難民一〇五〇万人の三分の一だけが、難民キャンプの中で生活している[6]。

近年の例をあげれば、シリア・ダマスカスには二〇〇六年以降、大量のイラク難民が流入した。イラク難民はキャンプには住まず、シリア領内のダマスカスとアレッポ、ヨルダン・アンマン、レバノン・ベイルートのような近隣諸国の都市に避難している[7]。同地域ではまた、二〇〇五年以降、アフリカ難民が安全な避難場所を求めて、不規則な間隔で、エジプトからイスラエルに入国している。彼ら難民の移動は、エジプトでの難民への排外感情と、難民自体の社会経済的および健康状態の悪化があるが、されど欧州の国境管理は厳しく入国できず、イスラエルへの移動を始めたのが、理由のように見える。彼らにとって、イスラエル行きは唯一の選択肢であった[8]。

2　現代の危機と移動する多様な人々

紛争や災害は突然、農村の人々を都市への大規模避難に追いやる。南アジアと西アジアで継続する紛争は、沢山の数の難民を生み出した。パキスタンでは、四つの都市に三万の難民と「国内避難民[9]」（internal displaced persons, 以下ＩＤＰとも言う）がいる。アゼルバイジャンのバクーには一八万人（UN-HABITAT, 二〇〇八年）。コロンビアでは三〇〇万人以上が紛争で国内の都市その他へ避難している[10]。小農は土地や財産を失い、紛争の結果、都市へ移動する以外に選択肢がない。

現在の危機は、紛争、暴力、抑圧、自然災害、人災（例えば、工場爆発、汚染など）、環境悪化、気候変動、土地・資源の喪失で引き起こされている。人々は自分の家、地域から離れるよう強いられる。現代の危機はしばしば、紛争、自然災害、環境悪化等が複合して起こっている。

従来の難民援助は、ホスト社会から通常分離された、テントで覆われるような明瞭な空間で行なわれてきた。難民の地位は一時的であり、彼らは状況が落ち着き次第、元の土地へ戻ると仮定された。都市の難民は、通常の難民移動の一部とは見られず、〝ご都合主義者〟、〝機能障害者〟とされてきた。ＵＮＨＣＲの用語で、こうした人々は〝自発的〟（spontaneous）、〝自主定住〟（self-settled）と分類され、その個人やグループは〝真正の難民〟とはみなされなかった[11]。

また過去、都市の難民の多くは、自分で生活可能な技術と能力を持った単身の若い男性と見られていた。今日では益々、女性の数が増えている[12]。女性、少女は村での脅迫や襲撃、強姦の怖れから逃れて都市へやってくる。彼らはすでに襲撃にあったり、強姦されているので、もはや伝統的なしきたり・道徳観念が強い村には受け入れられないと感じている。紛争と災害が繰り返されるなら、脱出移動は避けられない。

3　急激な都市化と都市型災害

他方、程度の差こそあれ、アジア、アフリカ、ラテン・アメリカの都市には、治安の悪化が広がり、暴力がらみのスラム、適切さを欠く非正規雇用、インフラ建設（水、衛生、電気）の失敗・不完全がある。これらの状況は、都市型災害を誘い、伝染病、暴力を蔓延させ、教育、保健その他のサービスの質を低下させている。

大量な数で都市に滞留する難民・避難民は、都市に大きな圧力となり、当局が共通して好む解決策は、難民・ＩＤＰの帰還である。しかし彼らは、ハルツーム、アビジャン、モガジシオでのように、しばしば容易に同意しない[13]。都市での滞在が長くなればなるほど、彼らは帰らなくなる。避難民は一般に、戻る（あるいは、戻りたい）意思を持って逃げるが、彼らのうちのかなりの人々が究極的にできないか、そうしてはいない。理由は様々だが、逃亡させた原因がなくならないか、安全への懸念、地雷、土地・家屋の他人による取り上げ、制度・設備の脆弱さ、社会サービスの欠如、司法が弱体か不在、経済機能の見通しがない等がある。都市での生活に慣れ親しみ、再び農村の生活様式を始めることに気が進まないことも大きな理由である。

難民・避難民の流入は、「都市化」に重大な影響を与える。彼らの強制移動は、戦火で疲弊し暴力が横行する国々で、都市が成長する主要な要因である。彼らの流入・滞留は、都市区域を拡大させ、都市化を促す。彼らの数と避難の形は、都市の成長に大きな影響を与えている。望ましい解決策は、彼らがどのように都市化に影響を与えているかの認識次第で変わってくる。

人口の自然増があり、農村経済を損なう経済モデルによる失敗があり、長期化する地域紛争が組み合わされての移動は、途上国世界の多くの地域で、都市を急激に成長させている。確かな資料は得られないが、難民・庇護申請者（以下、難民認定申請者、単に庇護民とも使う）は経済成長の重要な一部である。(14)

難民・避難民に流入された都市では、人口構成、商業パターン、雇用、投資形態が変えられてしまう。彼らへの地元民の態度は変わり、国際主義的になるか、より一般的には外国人嫌いになる。難民・避難民は、母国との社会経済関係、血縁関係を通じて、国境を越えたつながりやネットワークを作り上げる。自分たちの住む都市を他国の都市や農村と結びつけ、新しい国際都市を誕生させている。

しかし災害や危機が生じたとき、ホスト国はしばしば貧弱な統治力しかなく、市民社会の力も限られ、公的機関や地域社会の力を動員できないという特徴がある。都市での災害後の再建は、特に課題が多い。都市災害は、貧民や失業者には最も困難な事態となる。家屋の修理ができず、彼らは廃材をつなぎ合わせ、以前よりも一層悲惨な状況下で生きるしかない。(15)洪水、地震、ハリケーン等の自然災害は、人々の脆弱さを増し、増え続ける人口による過密化は、問題を悪化させている。

4　不可視の人々
――利便性と危険性――

紛争中、およびその後、都市に避難した人々は、保護と援助を求めるが、その存在は次第に見えなくなる。彼ら難民は、第三世界の都市社会の周縁で生活している。行動が束縛される難民キャンプと違い、都市には明らかにチャンスがあり、匿名で住むことができ、金を稼ぎ、未来の計画が立てられる。しかし反面、危険性もある。食料の不足、高い物価、収入が不安定で、健康と栄養不足を生じる。彼ら難民は、法的地位の曖昧さ、差別、資源不足での困窮による挫折感、安全ネットの欠如のため、社会で周辺化される。途上国の都市にいる難民は、保護と援助の点で差別的な扱いを受けてきた。これは避難という緊急事態が作り出す副産物である。

二〇〇三年の第二次湾岸戦争で、何万人というイラク人が中東から流出、都市難民への人道的および学問的関心が非常に高まった。この出来事は、今までわれわれの目に入らなかった人々を見えるようにした（可視化）。この事態は、隠された人々、プロセス、周縁化のパターンをわれわれに知らせただけでなく、避難研究を駆り立てた。難民自身は常に、都市社会の一部であったが、都市に住む難民、特に途上国の都市に住む難民に関心が高まったのは、かなり近年のことである。以前にわれわれが見ることを拒否してきたことを、じっと見据えるようになってきただけの話である。

〝不可視〟は、「見る力を持つ人（あるいは見ないことを選ぶ人）」と、「見られることを要求する力を欠く人（あるいは見られることを迫られて否定的な影響から自分を守る力を欠く人）」の間の関係で、このプロセスは援助側と被援助側の複雑な権力関係の中にある(16)。

人道機関はやっと近年、彼ら難民の都市での特殊性を考慮に入れた政策や指針を出し始めた。都市での難民数の増大に焦点を合わせるべく、UNHCRは二〇〇九年九月、計画実施上の「新指針」(*UNHCR Policy on Refugee Protection and Solutions in Urban Areas*)を打ち出した。この新しい政策指針は、難民に焦点を合わせており、国内避難民(IDP)を対象に含めてはいない。そして率直に、UNHCRの都市での保護と援助供与の失敗を認めている。

強調された点は、難民への委任事項上の責任はキャンプか都市かといった、場所による影響は受けず、都市は難民が住むのに正当な場所であること(17)、最も重要なことは、保護、解決、援助を都市難民に与えるのは、受け入れ国(ホスト国)と自治体次第だ、とした点にある。

都市難民の問題は政策的な関心とともに、分析が必要な分野として近年、注目を集めてきている。しかし、われわれが持つ調査データは、基本的に公共保健か栄養問題に焦点を合わせる傾向があり、それも通常、場所もキャンプか、避難初期のものが多い。研究対象は、〝農村難民〟(rural refugees)が主流で、キャンプが所在する農村で生活する難民と、都市に自主定住した難民との違いと類似性の比較、彼ら同士の相互交流を論じた物が多かった。しかし現在は、キャンプに収容された難民を調べる従来の調査から転じて、種々の避難民(IDPを含む)を含むまでに拡大している。

都市難民についての知識は、今世紀になってから劇的に増えたが、技術的なものを含め、まだまだ著しいギャップがある。ギャップはまた、われわれが都市避難をどう理解するのかという点から来ている。研究は、現在までのところ、彼らの生計の点から都市避難を分析し、難民の脆弱性の様々な原因と国内避難民の保護の問題(18)に光を当ててきている。強制移動の問題は、被験した人々に非常に否定的な影響を持つと見られる一方、その分析と対策は、今後は低開発や暴力紛争のような多種多様な問題への解決策となるかもしれない。

関連の多くの国際機関が、危険予知や脆弱性の輪郭を描いてきている。また、都市区域での人道課題に合うよう、国連の「機関間常設委員会」[19]（Inter-Agency Standing Committee. IASC）が二〇一一年に戦略文書を出している。避難民のデータ収集は一九九〇年代末から始められ、国連グループ、NGOにより実施されてきている[20]。しかし体系的分析はほとんどなく、人道機関の役割、戦略、アプローチといったものが、どうすれば難民の保護と必要物に合うのかはまだ明確ではない[21]。

受け入れ国政府や各国ドナーが資金供出の元となる事実を受け入れられるようにするには、政策への助言というより、データを示すことが重要となる。都市環境の脆弱さという問題があるにもかかわらず、援助を計画するデータは不十分なままである[22]。

5　〝現実は選択の問題ではない〟という多様な理由を理解する

現在、世界の難民やIDPの多くは、戦火や紛争で生活を破壊され避難した人々で、逃亡の原因は迫害ではない。紛争で避難した人々のうち、都市で最大の集団はIDPである。ただし、広く引用される二五〇〇万人というIDPの数は、ほとんど実証されたものではなく、厳密な研究に基づいたものでもない。IDPが、難民と違う最も重要な点は、外国人ではなく市民であることである。かくしてIDPは、非市民に関連する法律や政策により、規制されないことである。全ての避難民は、ある意味で共通点があるが、本書では、IDPより難民に焦点を合わせることとし、彼らを合わせて、避難民と呼ぶことにする。

都市の避難民は、〝難民然の〟広範囲の人々からなっている。多くの学者、援助関係者は、難民という用語の定義を、より広くとっている。数や集団の分類は、特定の文脈次第である。法制度上の見方からすれば、難民の地位を持つ人、難民認定申請者、難民申請が却下された人、帰還民、ＩＤＰなどであるが、それに加えて、社会学的な観点から、登録難民、未登録難民、姿を見せない難民、経済移民、地元貧民の分類をこの本では併用する。〝難民〟は、法的な分類以上のものであり、逃亡に続く避難の全経験を含む〝難民になる〟という歴史的プロセスである。

都市と農村の区分けは難しいが、都市という明確な場での強制移動の諸側面に焦点を合わせることにする。テーマの多くは、移り変わるアイデンティティ、生活とサービスを得るための苦闘、法的保護などである。浮かび上がってくる論点は、都市という場で、地元住民と避難民、そして政府という三者は、どのように相互作用するのか。彼ら避難民の法的に未承認な地位は、彼らの生活と選択にどのような影響を与えるのか。都市環境（居住空間、交通・運輸の形態、路上での危険の感覚など）は、避難民の決定や行動にどのように影響を与えるのか。自主定住の強制移動の中で、情報と知識の問題が、どのように利用され、形成されるのか、である。

分析は、避難の異なる段階で難民と、他の移民と地元住民の安全上の違いを明らかにするために、①国際・国際機関レベル、②国家の政策／制度レベル、③政策が実施される市民社会のレベル、④家族・個人レベル、で行なう。

強制移動民、特に難民は、伝統的に政治的逃亡に関わるものとして概念化されてきている。政治的難民のイメージは、意識的に、経済的および自発的移民の人々とは対比されてきた。しかし難民は、迫害の経済的結果として逃亡するかもしれない。仕事機会の否定、あるいは組織的な生活上の差別が現に行なわれている。

また他の人々は、経済崩壊で移動する。政治的に特有な弱さか、地域社会で頻発する災害を防ぎ守られないという現実的脅威がある。近年益々、この政治か経済かという二分法は、国益の観点から、国家により、難民保護よりも、「移動管理」で使われるようになっている。

都市難民の移動は、広範な人間移動の一部として、政治経済の枠組みの中で再概念化する必要が出てきている。国境は現在まだ、われわれの社会的、政治的階層制度を特徴づけている。国境や領土の持つ意味は減らず、むしろ領土へ帰属することが尺度とされ、国境は柔軟だが、選別的である。グローバリゼーションは、情報技術の拡大とビジネス・エリートと多国籍企業の移動と同義となっている。

本書では、人類史上初めて、町や市に住む難民が多いという衝撃的な事実それ自体ではなく、事実の背後にある、多くの人々にとって〝現実は選択の問題ではない〟という理由の多様性を理解することを目指す。そして、その目的は、紋切り型の見方や誤解を避けながら、都市での難民の社会的、経済的生活、統合、脆弱性を捉えることにある。

第1章　背景と文脈

1　都市難民とは何か

都市への強制移動民（都市難民）は、世界の全ての地域に存在する。彼らの正確な数は、ほとんどわからない[1]。彼らの直面する保護の問題は何か、必要物が何かは不明である。一九九〇年代には数字の上で、西欧と旧ソ連地域が際立っていた。旧ソ連地域は、域内諸国の独立に伴い発生した、都市難民の扱いで混乱が見られたが、西欧では一般にアフリカ、東欧からの移民・難民が流入し、政府とNGOが、彼ら難民・庇護申請者を保護し、物質援助を与えた。UNHCRは、二〇〇一年の時点で、都市難民は世界一一六ヵ国に所在するとしており、二〇一〇年代では、シリアからの難民・避難民が逃れた中東諸国で深刻な問題となっている。

しかし都市難民の問題は、上述の地域に限らず、アフリカ、南西アジア、南アジア、東南アジア、中・南米に存在している。多くの地域で、その数は増大し、何千人という規模となっている。主な集住地は、モスクワ、ニューデリー、イスラマバード、クアラルンプール、カイロ、リオデジャネイロ、アテネなどである。(2)

現在カイロにいるスーダン人が、カイロに来た理由は様々である。(3)彼らは、迫害、差別、嫌がらせ、悪化する社会経済状況、強制的徴兵制度を逃れてくる。重要なプル要因の一つは、カイロから西側先進国に定住できる可能性である。アメリカ、カナダ、オーストラリアとフィンランドが、UNHCRかそれぞれの大使館を通じて、定住計画を実施している。(4)

スーダンでは一九五六年の独立後、四〇年以上に及ぶ国内紛争で二〇〇万人以上が殺され、大量の人々が国内外に移動した。深刻な人権侵害（強制的徴兵、奴隷化、市民が集まる場所への意図的な砲撃、過剰な武力行使、拷問、強姦、食料供給の中断、家畜破壊による飢餓の発生、意図的飢餓の創出、強制避難と殺戮）が引き金となった。

スーダン国内の人口移動の原因は、独立前後の開発が一定の場所を発展させ、魅力的にしたことがある。スーダン東部、中部が急速に発展し、北部と西部はわずかな発展にとどまり、南部は停滞した。国内の人々の部族構成は一様ではなく、南部だけでも、一〇〇を超える異なる部族がいる。

リベリアの首都モンロビアは、紛争による都市化の主要な例である。同国では、一九八九～二〇〇三年、農村の貧窮化と継続する部族対立で、一〇〇万人以上の難民・避難民を生み出した。(5)紛争中、モンロビアは避難民であふれた。二〇〇三年にガーナの首都アクラで平和協定が結ばれたが、農村部は廃墟となっていた。UNHCRは二〇〇六年まで、都市部でキャンプを運営、援助計画を行ない、国内避難民が村へ戻れるよう、物資を配布した。

リベリア政府は、紛争後、彼らが占拠した公共の場所や建物から人々を排除し、首都や他の都市へ逃げた人々を国内避難民と認めず、帰還を勧めた。しかし、多くの人々がモンロビアに残り、市内外のスラムに住み続けた。理由は、帰還地には治安、土地所有、生活の問題があったからである。事実、帰還したものの、状況が否定的だと感じ、戻る人々がいた。リベリア人は自部族や出身地域を強く意識してはいるが、難民・避難民、旧兵士だった人が以前の土地に戻っても、暴力はやまず、家は破壊され、土地は他人に盗まれ、再び離れざるをえない。村々は放棄され、無人となった。モンロビアに新しくできたスラムの住人は、大半が不法占拠者で環境的に劣悪な湿地や水辺に住んでいる。

土地所有をめぐる争いは、長期化したほとんど全ての紛争に見られ、司法制度は不在か不十分で、部族的・民族的な敵対が存在している。

紛争による避難者に加え、環境悪化から状況が回復不可能である場合や、人為的な原因で、健康や生活を崩す緩やかな環境低下が起こり、再三の環境被害に直面し、避難を余儀なくされる人々もいる。環境悪化と気候変動は、農村地域に影響を与え、継続的に移動を引き起こしている。環境が、強度の環境災害を起こしたり、苛烈な紛争と混じり合うとき、農村生活は事実上、維持できなくなる。彼らも強いられた移動だが幾分、目的地、家族内の分業労働のために、経済的な選択肢があり、事前に選択の幅を持っている場合が多い。

中米サルバドルでは、一九八〇〜一九九二年の内戦で、暴力は多くの村落から人々を追い出し、国内外に百万人以上が避難した。紛争と災害という理由で、アメリカ、カナダ、その他の国々は政治的庇護や送還の一時保留を与えた[6]。サルバドルでは、一九九二年に平和協定が結ばれたが、暴力は続き、刑事罰は下されなかった。紛争後の土地所有権は不安定で、経済政策は混乱し、農村の状況は貧弱で回復力は弱かった。農村は経済的に沈滞した。

アフリカのサブ・サハラ地域では非農業化が進み、一九九〇年代末には農村家族の所得の六〇～八〇％は非農業分野から得ていた。一九八〇年代には非農業所得は、約四〇％であった[7]。そうした変化には多くの理由がある。ＩＭＦや世銀の構造調整政策は、著しく農業産物の取引を悪化させ、小農の支えとなる中間のインフラが崩壊し、通貨が減価し、国境を越えた密輸がはびこった。

それまで伝統的な農村生活を送ってきた家族は、生計不足分を補うべく、特別収入を求めて、家族の一員を都市に送り出した。移動して都市で仕事をするのは、貧しい農民にとって、生計を多様化する典型的なやり方であった。しばらくすると、家族自体もまた移動するようになる。移動は当初、一時的と考えられていたが、恒久的なものとなるケースが増えていった。

都市難民が存在することは、何十年も前から言われてきた[8]。しかし都市難民については、ほとんどわからない。国、国際機関、研究者が、都市に居住する難民を見出すことに気が進まず、これらの人々の数や問題を非常に少なめに述べてきたことがある[9]。彼らは、〝忘れられた難民〟であった。

受け入れ国で公式に難民と認定された人は通常、地方に設置された難民キャンプに収容され、彼らキャンプ難民（農村難民）を研究者が研究することは比較的容易であった。キャンプ難民は、受け入れ国政府や国際機関が管理する場所に住むので、彼ら難民のアイデンティティも滞在場所も明らかだからである。農村では地方政府の関係者がいて、難民を含めた、自主的に定住する移民（自主定住移民）を見出し、人数と居場所を推定している。キャンプでは多少とも、人口の推定や空間配置が可能である。

他方、農村にいる、こうしたキャンプ難民に比べ、都市難民は普通、分散して住み、数を数えることは難しく、管理もされていない。都市内で彼らの情報を得るのは極めて難しい。ＮＧＯのような援助関係者や難民コミュニティの代表が、関連の人々の居住場所と人数について幾分情報を持っているが、非常に大雑把で偏った推定になってしまう。その結果、内容には始めから一定の制約があり、妥協的な情報であることを考えに入れねばならない。

都市へ避難した難民が特別の状況にあることから、関係者の間には、長いこと誤った〝仮定〟があった。都市難民は、単に生活のために都市に居住し、彼らは自立しているというものである。しかし彼らは、明らかに都市で自立することができていない。

都市難民へのこの誤った共通認識は、アフリカでの難民研究に起源を持ち、そこから発展してきている。その理由としては、都市難民の背景、移動形態、願望からして、それぞれに異なる解決法が必要だという点で、農村にいる難民とは〝異なる人々〟とされてきたことがある。[10]

それにもかかわらず、以下に述べるように、スーダンの町への難民の流入で明らかになった事実は、彼らの移動は必ずしも、都市背景を持つ人々の個人的な逃亡ではないことであった。ポートスーダン（Port Sudan）、ゲダレフ（Gedaref）、カッサラ（Kassala）の事例では、農村難民もまた、町への移動を行なうということであった。

その先駆的な業績と言えるものに、カラダウィ（Ahmed Karadawi）の一九八七年の論文、「スーダンの都市難民の問題」（"The Problem of Urban Refugees in Sudan", 1987）がある。彼によれば、都市難民の発生の仕方には、次の二つの面があった。[11] ①自国エチオピアから、スーダン内の最初の安全地への移動（迫害を逃れての難民の強制移動）、②次いで、①の安全地からスーダン国内の都市への移動（自発的移動）。そして、これに続く移動は、最終的な庇護国への第三国定住が含まれる。

スーダンでの都市避難民

農村キャンプから都市への移動者

最初，農村地区か難民定住地に落ち着いたが，その後都市へ移動した人。

教育機会を求める人

エチオピア脱出の動機が，教育を求める人だとされ，難民ではないとされる場合もあるが，教育を求めてなのか，迫害等その他の理由での逃亡かは，判定が難しく，実態は複雑である。

エチオピア陸軍脱走兵

エチオピア軍を脱走し，スーダンへ逃れた軍士官や兵士。教育機会を求めての人々や，農村から都市へ移動した人々よりも，数は相対的に少ない。彼らには治安面と雇用の点で，大きな問題がある。そのため，地方当局は彼らを首都ハルツームに送った。

エリトリア陸軍およびエチオピア反政府勢力からの脱走者

彼らはエチオピア軍と戦うエリトリア戦士か，エチオピア国内の政治活動で，同政府に敵対した個人で，運動面で内的な派閥争いに敗れ，逃亡した人が大半を占める。

状況・場所が危険で戻れない人

エチオピアから移民労働者としてスーダンに来たが，迫害の怖れと脅迫で自国へ戻りたくないか，できなくなった人。彼らは，新しくスーダンに来た人の受け入れと事情紹介で非公式に，重要な役割を果たした。スーダンでの滞在が長いため，スラム街よりも計画された居住地区に住む傾向があった。彼らの非公式な援助は，搾取的な関係ともなり，新着者との相談を通じ，多額の金を要求した。

亡命の政治活動家

彼らは，亡命の政治組織に所属する。エリトリアのいくつかの政治組織に所属する彼らは，ハルツーム，カッサラ，ポートスーダンに事務所を持っていた。組織の入会資格は，例えば労働者，女性，学生というふうに異なり，都市に存在する難民全ての把握と管理はできなかった。難民とスーダン政府機関や国際援助機関との仲介者として受け入れられるほかに，同胞の難民への援助も担当。国際的な連絡網を通じて，サウジアラビア，シリア，イラク，リビア，その他の湾岸諸国からの奨学金や雇用機会を提供され，多くの若い同胞を助けた。難民自身の救援組織を作り，十分ではないが援助計画に関与した。計画は，医療，衛生，教育，所得創出，職業訓練が重点的に強調された。組織は，同胞から信頼を得て，アイデンティティの維持に力を発揮した。

好機を狙っている人

多くの個人は明らかに，海外への移住の道を求めてスーダンへ移住してくる。スーダンでは，旅行文書，ビザ，航空券が入手でき，すでに海外にいる親戚，友人から送金が受け取れると信じている。彼らの移動は，石油で潤沢なアラブ諸国が提供する多くの機会や，アメリカや西欧の定住計画に刺激を受けている。スーダンを出国する難民は，母国の親戚，友人と連絡をとり，自分たちの後を追って，スーダンに来るよう勧めている。帰還計画に同意した難民の多くは，海外移住が困難だと考えた人々であった。

（出所） Karadawi, 1987, pp. 120–122.

②の農村から都市へ移動する人々は、最初に農村地域か、難民定住地に定住していた難民である。彼らの移動は普通、その土地での農業計画に雇われたときに始まっている。雇用された後、彼らの何人かは近くの町に移動。他の人々は直接、雇用か教育機会を求めて、ハルツームへ移動している。

スーダンでは、以前からエチオピア人社会があったが、エチオピア難民が公に認められたのは一九六七年であった。彼ら都市難民が、首都ハルツームで問題になりだしたのは、一九七一年のことである[12]。しかし一九七五年まで、スーダン国内各所の町に滞在する都市難民の数はわずかであった。一九七六年以降、スーダン政府による行政的な援助（特に、旅行文書の発行）があり、海外への渡航や定住を求めて、多くの難民がハルツームに向かった。

上例のように、現象面で言えば、都市難民の中には様々な人[13]が含まれ、移動形態、人数、そして定住の仕方も様々である。避難民の集団は、同じ都市の中で、民族、国籍毎に、それぞれに異なる分布状況を示す。さらに都市内での難民分布は、国毎、都市毎に違う[14]。

大都市では、難民・避難民の存在は通常、割合が非常に低い。彼らのイメージには、強制的な印象が希薄で、国際メディアから注目を受けたり、国際援助を受けることもない。さらに、受け入れ国も先進国ドナーも、一般に彼ら強制移動民による都市化には気が進まない[15]。彼らを維持・世話するための費用は高価なので、都市流入者は自分で生きている、と考える。都市難民にしてみれば、彼ら自身は大きな〝社会〟ではない（人々の目には見えない）ことから、援助を受けたり、権利の尊重を得るための政治的圧力がほとんど働かない。

それではなぜ、都市では、彼らの分類が問題となるのか。その理由は、

①**移動の不規則性**——公的な難民定住地や受け入れセンターは国境近くにあり、都市とは遠く離れている。そ

のため、都市に来るには、かなりの距離を自力で移動せねばならない。いくつかの国を回り道してくる場合もある。個人の元の出国先、出国時の政治・治安状況は不明である。

②法的地位が不安定——大多数は、密入国か人身売買の犠牲者である。彼らは、犯罪に巻き込まれる怖れがある。個人的に十分根拠のある迫害の怖れを持たないので、庇護申請はできない。捕まれば、犯罪者か不法移民と分類され、追放の危険がある。難民は隠れて生活している[16]。

③概念上の曖昧さ——彼ら強制移動民は、受け入れ国での法的地位が様々な他の同胞の中に住む。多くの家族と一緒になったり、集団化して居住場所を分け合っている。外部者には家族の構成員を住居内で見出し、数えることはできないかもしれない。規模も構成も多様で、国境をまたいで家族が出入りしたり、都市内では、追い立て、強制排除、スラム一掃があり、低所得者の住居は不完全・不確実で、人々の出入りが激しい。人口構成は、農村地域のキャンプよりもかなり流動的である。個人の追跡は難しさを増す。また彼らは意識的に、他の国籍か民族アイデンティティを偽って語り、彼らの生活の一部として、あるいは自分を守る戦略として採るかもしれない[17]。それがまた、問題を複雑にする。難民と地元住民という、両者の区別は、概念上も経験上も難しい。

都市への避難民（難民、庇護申請者、国内避難民）の境界は必ずしも明らかではなく、彼ら自身の活動がさらに状況を複雑にする。多くの人々が、難民の地位を求めて偽りの主張をし、他方、適格者が申請をしない。申請した人々はまた、果てしなく時間のかかる難民認定の審査に直面する。

難民、あるいは強制移動民として、移動した人を分類することが常に困難である一方、的確に分類することは、保護、唱道、分析を行なう上でカギとなっている。

2　困難な定義

都市難民（urban refugees）について、国際的に認められた定義はない。おそらく最も普通に使われる都市難民の定義は、都市生まれの個人、例えば学生、政治家、公務員、専門職、商人、技術者、非農業労働者を指している。他の定義ではそれに加えて、仕事か教育機会を求める農村出身の人、片親（主に女性）家族、治療目的で難民キャンプや農村定住地から移送された傷病者・障害者、あるいは第一次庇護国から移動してきた人である。

一方、都市避難民（urban displaced）は、難民創出国から来るが、一時的に都市に住んでいる全ての人を指す。この定義によれば、強制移動民というよりも、自発的に移動したとされる人々を含み、両者の間の区別は厳密なものではない。都市への移動が経済的理由であっても、紛争に関わる原因（治安の悪さ、迫害など）で元の土地を離れたのなら、難民という可能性を増す。

歴史的に見ると、一九七〇年代にスーダン難民を研究した、先のカラダウィによれば、都市難民の用語は、直接か回りまわって最後に国境地帯（入国後、滞在）から町に移動した、様々な種類の難民に与えられた一般的な名称である、という。[18] 彼は、都市難民に対比させて、「農村難民」という言葉も使っている。当時、アフリカでは農村出自の難民には、移動民社会全体を対象に、計画的な定住地を作り、そこに住まわせるのが最も実際的な解決策だと信じられていた。[19] 他方、都市難民は、継続的に移動し、文化背景や願望が異なり、自ら変貌し、つかの間の社会的な連絡網を作り、それぞれ個人的に自分で解決を求める人々としている。

その後の経過を見ると、いずれにしろ、世界各地の現場では、何らかの都市背景を持つというのが、カギとなる基準であった。ただし、使用される定義は多様で、国、地域によって異なるだけでなく、それを適用して仕事を行なうUNHCR等の援助団体のスタッフの間でさえ、少なくとも一九九〇年代末まで異なっていた[20]。

都市難民の明確な定義がないことは、都市区域で難民に対処できる公式の制度、組織がないという問題をさらに悪化させる。難民は、地元住民や当局と直接向き合うことになり、難民の脅威は拡大した。彼らの存在と自分らしさは、逃亡のためだけでなく、都市で起こる日々の事件で脅かされる。

人道機関が直面する問題の一つは、地域社会で、彼ら難民・避難民を都市貧民から区別する難しさである。アジア、アフリカ、中東の都市で、難民は低所得地域に住み、貧困、貧弱な福祉サービス、犯罪、職業機会の不足状況に置かれ、他の貧民と住居を共有さえしている。多くの難民には援助機関の手が届かず、彼らの存在が知られることさえない。これらの〝隠れた〟難民の何人かは、故意に援助機関との接触を避け、他の人は単に援助機関について知らないか、接触を怖れている。その結果、難民を援助し、数を推定する人道機関には困難な問題となってくる。

このことから、いくつかの疑問点が浮かび上ってくる。例えば、都市の難民を他の移民から区別できるのか(特に、国内避難民は農村からの移民との区別が難しい)。難民の経験は、他の移民と違うのかどうか。勿論、全員が同じ問題に直面するわけではないが、難民が被る経済的打撃、災害への対応能力は、他の都市住民とどう違うのか。難民の「脆弱性[21]」に影響する地域社会に特有な要因は何か、で沢山の議論がある。

定義の上では、何が〝強制〟か。何をもって都市とするか。都市に移動後、どの位の期間、移動した人を元々の居住者と比べ、移民と分類すべきか。都市の境界はどこか(スラム街は公式統計からは除外される。都市隣接地域[22]は都市とつながっているが、公式には農村と分類されるかもしれない)、がある。いわば定義は、調査者の目的次第であり、要因が混在している。本書では、都市とは、互いに近接して住む多くの人々を擁し、正規、非正規の雇用と生活物資とサービスにより生活する市街地とする。

都市に移動した難民の、生活への影響、彼らの抱える問題、必要物は、まだよくわからない点が多い。難民と受け入れ社会の間には、態度と願望をめぐり、互いに軋轢があるため、問題は一層複雑になる。

しかし、他の都市貧民から、難民・避難民を区別するのが困難とはいえ、比較を可能にするには、区分できる指標を立てることが重要である。さらに概念の明確さ、とりわけ定義を明確にする必要がある。

本書では、彼らの間には沢山の類似性があり、定義はしばしば曖昧だということを頭に入れて、異なる移民集団を区別することが可能だ、と想定している。

3　UNHCRの見方と取り組み

難民保護と援助に関わるUNHCRは、これまで都市難民の問題を〝不規則移動〟と捉え、この形態の移動を減らす手立てを見つけることに関心を持ってきた。UNHCRにとって、都市難民は、難民条約上の難民ではないが、定義の拡大で関わってくる人々だったからである。

しかしそのUNHCRも、極く近年の二〇〇九年まで、都市難民についての一貫した定義はなく、事情に応じて解決が図られていた。背景に、難民が都市で生活することは、難民の問題の答えにはならない、と見ていたことがある。受け入れ国が設営する、難民キャンプや農村定住地よりも、都市での生活は厳しく、困難だとしていた。農村定住地では、受け入れ国政府や国際機関からの適切なコミュニティ支援があり、計画的に生活支援が実施される。都市難民という定義は、単に都市区域での援助が必要な難民にのみ、該当するとしていた。[23]

不規則移動の問題は、最初それとなく「庇護国なしの難民について」（on Refugees without an Asylum Country）という名で、一九七九年ＵＮＨＣＲ執行委員会（UNHCR Excom）の結論（Executive Committee Conclusion No. 15 of 1979）に出ている。「不規則移動者」（irregular movers）の用語は、明らかに一九八五年九月、ＵＮＨＣＲ高等弁務官が、難民の国際保護小委員会に出した「不規則移動の覚書」（*Note on Irregular Movers*, EC/SCP/40/Rev. 1）で使われている。

一九八九年には、不規則移動がＵＮＨＣＲ特別執行委員会で取り上げられ、結論として、彼らを「難民として認定されているかどうかにかかわらず、いずれかの土地に庇護もしくは恒久的な再定住を探すために、すでに保護されている国から不規則に動く人」（筆者仮訳）として採択をみている。[24] 当時は、彼ら難民・庇護民は第一次庇護国に戻すとした。庇護制度を維持するため、ＵＮＨＣＲは不規則移動を減らす方策をとることの方に関心があった。

事態が進展し、ＵＮＨＣＲ高等弁務官補佐の下、都市難民政策に対する作業グループが作られたのは、一九九六年二月であった。同作業グループの報告書は、一九九六年八月に執行部の討議にかけられている。討議を経て、翌一九九七年三月に出されたのが、「都市難民についてのＵＮＨＣＲ包括政策」（*UNHCR Comprehensive Policy on Urban Refugees*, 以下一九九七年三月文書）である。同文書は政策として、難民の不規則移動の〝封じ込め〟を意図し、これまで以上に、同機関からの生活支援策に制限を加えるものとなった。ＵＮＨＣＲは管理を強め、不規則移動を減らす姿勢を鮮明にした。

しかしこの文書に対しては、それ以後、研究者、ＮＧＯ等の外部関係者から批判的なコメントが数多く寄せられた。その結果、ＵＮＨＣＲは一九九七年三月文書の根本的な見直しを迫られている。同じ一九九七年一二月に、「都市区域の難民についてのＵＮＨＣＲ政策」(*UNHCR Policy on Refugees in Urban Areas*, 以下一九九七年一二月文書）で修正を行なったが、再度批判を受けて、ＵＮＨＣＲ内部で時間をかけて、調査と研究が行なわれた。その結果、二〇〇三年一一月に出されたのが「都市区域にいる難民のための保護、解決策と援助――指針原則と望ましい方法」(*Protection, Solutions and Assistance for Refugees in Urban Areas: Guiding Principles and Good Practice* (*draft*), 以下二〇〇三年一一月文書）である。

一九九七年三月文書は、不規則移動者について多くの事柄が述べられている。[25] 要約すれば、都市でＵＮＨＣＲの援助が受けられるのは、不規則移動者ではなく、元来母国では都市出身者で、難民としての資格の曖昧さを持つ人ではないこと。また、農村出身者だが、「庇護国で自給を達成させる農村定住地」という選択肢がない場合には、彼らには例外的に都市で援助を考慮されうる、とした。

ＵＮＨＣＲによれば、不規則移動は様々なプッシュ要因（不寛容、危険、改善見込みのない貧困、法秩序の崩壊）とプル要因（良好な経済状況、良好な生活支援、中・高等教育の機会、定住の機会、基準が流動的な難民認定（難民には有利）、人の密輸・密入国の可能性）が原因で引き起こされ、ときには両要因が同時に働くとした。

一九九七年三月文書では、登録した人数は不完全で、数字は信用できないとしながら、都市難民は一般に、若く、単身の男性としたが、一九九七年一二月文書では、一般に、男性と表現が変わった。二〇〇三年一一月文書では、大多数が若く、独身の男性だということに疑問符をつけるまでに変化している。保護されている国から、他の国へ当局の同意なく難民が移動することは、しばしば〝不規則移動〟(irregular movement) と表現され通常、都市区域へ向かうとされた。そうした移動は、合法か非合法かではなく、カギは難民が保護されるかどうかに焦点が移ってきた。

使われる用語自体も変化し、不規則移動の言葉の代わりに、〝第二次移動〟(secondary movements)とか、〝先への移動〟(onward movements)といった言葉が使われ、都市難民の定義は、都市か農村出身者にかかわらず、都市に住む全ての難民とされた。背景には、女性、親とはぐれた子供、高齢者、障害者など、特別に世話の必要な人々の問題が、研究者、NGO等から指摘されたことがある。以前に保護を求めて入国した国が、保護や安全上の問題があって再び移動せざるをえない難民は、その国で保護を見出したとは言えない。そうした難民の場合には、現在いる国が第一次庇護国で、その移動は不規則と扱われるべきでない[26]、とされた。

UNHCRはまた、〝不規則移動者〟(irregular movers)の語は、軽蔑の響きがあるとして、単に描写的で、法律違反ではないことを示す、より中立的な〝先への移動〟(onward movements)という用語を使うようになってきている。

都市にいる避難民への問題関心の高まりに対応すべく、UNHCRは二〇〇九年九月、実施上の新しい指針「都市区域における難民保護と解決についてのUNHCR政策」(*UNHCR Policy on Refugee Protection and Solutions in Urban Areas*, 以下二〇〇九年九月文書)を出した。新政策は、難民に焦点を合わせており、国内避難民ではないが、UNHCRのこれまでの保護と援助での失敗を率直に認めている。

二〇〇九年九月文書は、難民についてUNHCRが委任された責任は、場所による影響は受けず、都市は難民が居住するのに正当な所だということを強調している。しかし同文書が最も強調するのは、都市難民への保護、援助、そして解決策を与えるのは、受け入れ国政府とその地方自治体だということである。

調査や経験で得られた知見と、政策を実施する上での間隙を埋めるために、NGOとUNHCRは二〇一〇年共同で、都市への強制避難の問題を解明するために調査を始めている。調査が明らかにすべき点は、特定の状況下で、援助側は誰を難民集団に含め、誰を含めないかの線引きを明確にし、難民を他の移民集団から区別できるかどうかであった。

調査により発見された事実を列挙すると、以下のようになる[27]。

①紛争で避難した人々や、避難から帰還した人々は、途上国の多くの都市で人口のかなりの割合を占め、その中には女性、子供、高齢者がかなりの数、含まれている。
②避難民の多くは、登録されるのを避け、人目を避け目立たないようにしている。
③避難民の多くは、スラムや非正規の定住地の中で他の都市貧民と一緒に暮らしている。そこでは資源やサービスが不足し、社会的なつながりは弱く、共同社会の結束を欠いている。
④紛争国家での都市化のスピードは例外的に高く、紛争が終結しても都市化は必ずしもおさまらない。
⑤民族、宗教が互いに異なる集団の人々が住み、適切に緊張が緩和されないときには、事態が不安定になる可能性がある。
⑥援助は一時しのぎで、ほとんど例外なく不適切である。
⑦居住環境は劣悪で、住居が洪水地区、海浜、山腹のような自然災害に弱い地区に立地している。しかし、避難民への災害防止措置は、めったにとられていない。
⑧避難民は都市内で分散し、全く均質ではないのに、データの集め方には方法論上で根本的な問題がある。
⑨理論上、国内避難民は国内法で守られるのだが、彼らへの国際的な保護は、難民と認定された人々よりも著

しく弱い。

UNHCRは現在、都市難民への政策を持ち、その政策を実施し改善する途上にある。その一方、都市居住の国内避難民への政策指針は明らかではない。世界には、国内避難民は難民の数の二倍存在するので、対策が緊急に必要となっている。受け入れ国政府が、国内避難民に対して援助の力がないか、望まない場合の対応が課題となっている。

4　敬遠・忌避される難民キャンプ

自国から逃れ、他国に入った難民の中には、その国にいくらか滞在した後、自らの目的・願望にかなう国を今一度、探す人々がいる。その場合、最初に逃れた国（々）は、一時通過国となる。その後に難民が入国した国にとっては、最初に逃れた国が紛争国でもない限り、庇護を与える状態にあるとして、入国許可を取り消し、最初に逃れた国に送還しようとする。しかし難民が最初に逃れた国で十分な保護を得られたか否かを確かめるのは、必ずしも容易ではない。

また、個人的な迫害や武力紛争を逃れてではなく、主に経済的理由で移動する人の多くは、〝構造的暴力〟に関わる押し出し因を経験している。彼らの母国には、体系的な基本的人権に不足・欠如があり、構造的な不平等がある。自国で家族所得が不足し、経済的困窮で飢え、家族崩壊、ホームレス化すれば、究極には一人ないし数名の家族構成員を外国に送り出す決定を行なう。これらの人々と難民との境界はぼやけ、曖昧にならざるをえない。

逃れてきた人への対応は国によって幅があり、ある国は難民キャンプか専用の定住地に住まわせる。他の国はこうした方策をとらない。国によっては、難民条約に加入し、難民に法的地位、居住権、労働権を与えているところもあるが、他の国では認めていない(28)。

キャンプへの収容制度をとる国では、難民は公式的にそこに滞在・居住せねばならない(29)。そうであっても国によっては、キャンプからの都市への難民移動を許すか、黙認しているところもある。現実には、キャンプ収容政策をとる国（ケニア、モザンビーク、タンザニア、ネパール）であっても全ての国が、都市区域に沢山の難民を抱えている。町の近くに設営されたキャンプでさえ、時の経過で都市域が広がり、キャンプは町の中に入ってしまう(30)。キャンプ制度をとらないエジプト、南アフリカでは、難民の多くは都市に住んでいる。

とはいえ、難民という過剰な人口を抱える国は、キャンプという決められた場所に彼らが住むことを要求する。そこでは、難民の基本的な必要物はＵＮＨＣＲや他の人道機関が与えている。通常、キャンプが置かれる農村地域では、国際人道機関が活動に大きく関わる。収容者は、キャンプ外での活動を強く抑制され、受け入れ国政府は労働許可や、一定地域を越えた旅行を制限することで、難民をキャンプに止めようとしている。

特に、難民が受け入れ国に滞留する状況が起こると、資金が逼迫し、難民の生活面、精神面の両方で、人道機関はキャンプ内で難民が望む、基本的な必要物を満たすことができなくなる。例えば食生活では、食材の多様さや量が不足し、煮炊きの薪も必要になる。その他様々な必要物を手に入れるため、個人や家族はキャンプ内外に入手機会を求めねばならなくなる。

キャンプの外に仕事を求める難民は、規則に目をつぶる官吏から賄賂を強要される。難民は移動、その他の活

動をするための費用の支払いに直面している。(31)

何人かの人は、食料や他の人道物資が配られるキャンプに留まるが、他の人は仕事を見つけるために都市へ移動する。多くの難民受け入れ国で、沢山の数の難民が、キャンプの外に住み、しばしば設備もなく、生活の見通しのない非正規の場所に暮らしている。キャンプ収容を逃れ、都市に不法に住み、生活のために不法活動に従事すれば、日々逮捕の脅威を感じて暮らさねばならない。キャンプは、難民・避難民の中の最も脆弱な人々を引きつける一方、都市移動の人々の存在はキャンプ社会の否定的な面を反映するものとなっている。

キャンプから都市への移動は、以前から報告されていた。例えばタンザニアでの調査によれば、一九七〇年代にブルンジからの避難民が農村定住地から不法に移動を始めている。首都ダルエスサラームに到着した人々は全員、同国西部の難民キャンプで生まれ成長したが、貧しさとキャンプでの社会的・政治的な緊張を逃れるために、移動してきた。当局は一握りの数だとしたが、現実は何千人の規模であった。(32)

危険で異質な都市環境の中で、難民・避難民は限定された地区に留まり、秘かに移動を続けている。しかしキャンプでの〝息がつまる〟生活には全く選択肢がない、(33)という。キャンプや定住地での生活は単調で、将来への希望がない。人によっては、都市への移動が部分的には、絶望の結果である。

都市へ行くのは特別の理由がある。都市では、身の安全、国際的なつながり（外国からの送金が受け取れる等）が得られ、先進国への定住の機会もある。難民はまた、他の一般移民と同じ理由で、都市を選んでいる。都市と農村では、どうしても開発（所得、教育機会、保健医療、住居、水の供給、交通）の点で差がある。都市の恵まれた環境を利用したい。難民は他の移民と同様に、戦略的な意思決定をしている。(34)

キャンプ外では、難民は地元住民の中に住み、ときには彼らの家に間借りし、土地を借り、彼らの善意に頼って生きている。援助団体はもっぱら、「キャンプ中心に特別に合わせた援助」の形から、都市難民が日々直面する危険や脆弱さへの対応が必要となって、対応が難しくなっている。政府や人道機関の生活支援計画が難民のみを対象とすれば、彼ら地元民の難民への善意を破壊し、計画終了後も後々まで長く問題を残してしまう[35]。

不規則に移動する人々は、非難されるが、滞在する国の保護が十分でなかったり、組織的な差別、物資の欠乏が背景にあるのかもしれない。家族再会の必要もある。正当で、やむにやまれない理由があれば、他国へ移動した〝不規則移民〟であっても、難民として扱われねばならない、という根拠が出てくる。

都市への難民・避難民の移動は、近年まで一般に無視されてきた。都市避難の問題については、援助機関間の協力を議題とする国際会議が開かれ、話し合われてきている。

5　都市にとって、なぜ都市難民が問題なのか

一般に、多くの途上国の政府から見れば、「都市化」は否定的な面を持っている。都市への人々の移動が、巨大な数で、短期間に起これば、避難は都市化の一因になるだけでなく、都市計画や貧困削減を難しくし、障害となる可能性がある。避難した人々は、乏しい食料、水、住居を競って求めるので、暴力事態の発生が増える。国や自治体の行政対応能力が弱まり、環境やインフラに一層負担となり、雇用やサービス等が益々、不足する。

リベリア政府は、様々なドナー国の支援で、難民・避難民に対し、奨励措置を講じ、元の土地への帰還を進め、都市人口を減らそうとしているが、結果ははかばかしくない。ほとんどの人が帰らず、逆に新規流入が続いている[36]。

スーダンでは、古くからこの問題が生じていた。ハルツーム、ポートスーダン、カッサラ、ゲダレフでは地元の居住地区のいくつかが難民によって、広く占められた。その光景は、地元住民に難民社会を〝部外者集団〟と感じさせるようになった。一九七七年頃から、地元住民からは、難民のせいで家の賃貸料が高くなり、公共サービスや日常品が欠乏しているとの不満が寄せられるようになった[37]。

アフガニスタンの首都カブールは、紛争が原因で都市化した代表的な例である。世界で最も急速に都市区域が成長し、二〇〇一年のタリバーン追放以降、人口は七倍に増えた[38]。この人口増は、主に難民・避難民の帰還で助長された。同国では、貧困、失業、犯罪の問題が深刻で、人々に絶望の気持ちが広まっている。失業の男たちは、武装勢力の誘いにとりわけ弱い面がある。

都市の事例は、地理的位置、地元の社会経済状況、法的枠組み、労働権をめぐる特別の状況、彼ら難民・避難民の性格、その他で異なるが、彼ら都市難民にしてみれば、都市で住むための十分な土地や水、衛生、ゴミ収集、エネルギー、医療、教育のようなサービスが受けられなくなる。

都市難民は、暴力、開発計画、環境悪化（気候変動を含む）、あるいは自然災害により、農村地域から都市へ、強制的に避難させられた人々である。市や町といった都市への避難はそれ自体、彼らの対処戦略であり、標的になることを避けるために姿を現わさない[39]。難民の多くの人々は、受け入れ国やＵＮＨＣＲのような人道機関と関わらない。登録すると、将来において追放されるリスクや、滞在の拒否につながることを怖れるからである。登録すべきことを知らなかったり、お金がなかったりすることもある。登録しないという選択は、場合によっては彼ら自身の保護戦略だが、発見されれば、追放か逮捕という大きな危険に個人をさらすことになる。彼らは、民兵や犯罪者集団による略奪、脅しの犠牲者となっている。

強制移動させられた人々は明らかに、都市の変容に影響をもっているが、両者の間につながりをつけて解明しようとする研究があまり見られない。支援のない中で、彼ら都市難民は、外部者からは、他からの援助なしで生活していけると思われている。都市へ避難した人々がどのような対処戦略や生活手段をとり、生活しているかの研究は不足しているし、難民・避難民の声が、政策立案者に聴取されることもめったにない。

都市避難民の問題を考える上では、三つの課題[40]がある。①状況的な課題、②特定の地理的位置に関連する課題、③都市避難の特定の状況に関連する課題、である。

①推定では、全ての国内避難民の半分は都市、特に首都に流れている。彼らはそこで、貧民や移民と混じり合う。この現象は大きすぎて無視できない。

②都市に隣接する周辺地域と農村の線引きが難しい。政策的に実際の対象を明確化することなく、長期的な解決を目指した効果的な計画を立案し、実施することはできない。通常の農村からの移民と、都市への避難民の区別も難しい。

③都市避難民は発見されるのを怖れて登録せず、狭い所に固まって住み、生活物資を求めて競争し、就業機会の乏しさから都市犯罪の温床とも見られる。進展する都市化の中で、都市避難民は都市開発の動きを止めたり、歪めたりするものと感じられている。誰が、どのくらい、どこに住むかがわかれば、状況に応じ、必要な保護と援助を通じ、当局が行政サービスを与えるのを助けられる。

政策立案とその実施で忘れてならないことは、難民・避難民はキャンプより、都市への避難を選ぶが、避難させられるのを選んだわけではなく、人道法上の保護と援助への権利を持っていることである。彼らは他の全ての市民と同じような権利を与えられており、国家の法律、人権法、国際人道法で守られているのである。

都市には様々な人々が入り混じって流入（mixed migration flows, 混合移動）を続けており、移動民は保護を求め、働くためにやってくる。暴力に関わる事情で避難してきているが、生計機会を予想し、特定の目的地を選んでいる。彼らはひとたび都市で落ち着けば、暴力からの逃亡ではなく、経済的理由を持つ同胞をも引きつける。避難と都市化の関係は、都市計画、人口、開発専門家が十分に対応していない問題の一つである。

6　都市難民が抱える特有の事情

各都市には、都市で生活する、貧しく脆弱な難民・避難民に影響を与える、地域ごとの特別の要因がある。彼らの住む場所を大まかに描写してみる。(41) 都市難民は一般に、都市の低所得層のいる貧困地域、より大雑把な表現をすれば、不法移民の中に住んでいる。彼らはめったに指定された建物の中には住まない。住居状況は悪い。都市難民は失業状態にあるか、危険で低賃金の分野で働く。女性が家族の柱となる場合も多い。子供は通学せず、働く。不幸にも大半の難民が住むその場所は、かなりの程度、健康、犯罪、貧困の問題に直面している。コミュニティからは差別を感じる。受け入れ国での都市貧民は、同じニーズや課題に直面する都市難民との区別が難しい。

都市難民が物理的、社会的に近隣住民と近いことは、彼ら難民の福祉や安全が、受け入れる地元社会と緊密に結びついていることを示している。難民はどこに住んでいるのか、都市の中で分散しているのか、それとも特定の場所に集中しているのか。難民が隣人の地元住民よりも生活が良くないかどうか、あるいはどのように良くないか。彼らの居住地の近くには工業地域、ゴミ捨て場のような危険な場所はないか。これらの点で、難民・避難民は他の都市集団とどう違うのか、がポイントとなる。

強制移動民が都市で生活を始める場合、他の移民の生活とは異なる、四つのカギとなる違いがある。その違いはとりわけ、彼らに生活上の苦難を生み出す。

第一は、都市では政治環境、特に国の存在があり、受け入れ国政府は、一般に都市への人々の移動を抑えたいので、難民への待遇改善には気乗り薄で、各種許可を出し渋る。受け入れ国には難民の都市流入で、社会、政治、経済、法、政策面で、特有の問題が発生する。首都から地理的に離れた農村定住地やキャンプとは事情が異なる。都市での難民の保護と援助、特に労働の権利の獲得は、UNHCRの活動の重要な側面となっている。

第二は、多くの強制移動民は、国内であれ国境を越えてであれ、どこでも経済的、非経済的資産の喪失という立場から始まる。難民が移動を強いられたとき、資産放棄をしなければならないことが多い。移動をより良く計画できる労働移民と比べ、難民や他の強制移動民は突然に逃亡を強いられ、準備ができないまま資産を放棄する。出発は事前に計画できず、他の移民よりも多くの生産資源を放棄せざるを得ない(42)。土地、家屋、家畜、自動車、商売道具のような資産である。安全な土地への脱出のためには費用がかかる。その費用を密輸ブローカーへ支払ったり、親戚・友人から金を借りれば、かなりの借金を背負って到着する。生活必需品の購入で、マイクロ・ファイナンスや貸金業者から金を借りるかもしれない。借金は近代生活の正常な一部だが、家族の支払い能力を超える借金は家計の安定を損なう。

これら全ての喪失は、強制移動民に到着時、経済的不利益を与える。彼らが生活を回復できなければ、一層困窮する危険性がある。避難後に喪失した資産を取り戻すことは極めて難しい。

彼らはまた、強い個人的損失を経験する。家族の喪失、地域社会の崩壊、そして情緒的、物理的、心理的な健康を喪失している。難民が他の都市貧民と違い特別に必要とするものとして、家族の捜索、トラウマ・カウンセリングその他、人々が普段あまり経験しない避難から起こる問題の解決がある。難民には避難の際の暴力の記憶、家族喪失の経験、悲惨な逃避行があり、トラウマとなって、生活を立て直す上で人の能力を害する。それが、彼らへの経済的衝撃や災害への対応能力に影響する。(43)

このようにリスクは、喪失、破壊といった逆効果のきっかけとなる一定の社会行動の中に埋め込まれている可能性がある。上述の喪失からくる低所得は、例えば食物選択と消費に関するリスク要因と考えられる。個人の栄養の点で摂取は重要だが、高価な食品は遠ざけられてしまう。カイロのスーダン難民の多くは、スーダン南部からハルツーム、カイロへの移動で、多くの人が、食料消費で大きな変化を経験していた。(44)

第三は、彼らへの敵意ある社会・政治環境の中で、生活を再建しなければならない。例えば先のカイロは、巨大で過密な人口の集合体である。平均年齢二四歳、人口の約二〇%は貧困線以下で生活している。仕事と資源の獲得競争は熾烈で、食料品価格は上昇。エジプト人の中には、外国人が職をとり、家賃や食品価格を押し上げていると言い、ときには難民を含む外国人への疑いや敵意を持っている人もいる。宗教、言語、そして外見の違いで、簡単に外国人と識別される。悪口や物理的な虐待を受ける。彼ら難民は、西欧への定住を望み、多くの人がエジプト人社会とは距離をとっている。(45)

第四は、彼らは他の移民と違い、人道援助の受け手であり、益々生活援助を受けている。難民にとって、受け入れ国で生活の資を稼ぐ機会が得られなければ、避難で被った損失により、行動する力をそがれ、受け入れ国の規則や制度に対応する力を育むのが阻害されることになる。これらの喪失が経済的に不利益となり、新しい土地に到着したときの衝撃を和らげる力を弱め、彼らの脆弱性を増すことになる。人道援助が生活を支える一方、予測できない否定的な影響が間接的に生じ、ときにはそうした支援は裏目に出ることがある。物資の配布は必ずしも適切ではなく、現金援助が好ましいこともある。一般に、農村所在の難民キャンプと違い、都市では難民は移動し、自身を頼り、見えにくいため、食料の配布は実行可能な選択肢ではない。現金援助は、特に経済的な自立達成が最初から目指されれば、難民が責任を持つのを促すかもしれない。難民がそうした阻害に打ち勝てるようにする援助は、非常に価値がある。

これら四つの違いが、強制移動民に特別の不利益を生み出している。難民を見つけ出し、他の移民や貧民から区別し、彼らが如何に他の集団から脆弱かを知ることは重要な点である。受け入れ国で難民は、健康、犯罪、貧困の問題に直面する。しかし調査では、避難民が全てスラムに住むわけではなく、多くの人は通常の都市生活を送っている[46]。都市区域の避難民はしばしば長い距離を移動するが、その過程で運賃、食費、宿泊代を支払っている。必ずしも、極貧だというわけでもない。難民全員が、庇護の土地に非常に貧しい状態で到着するのではなく、中には他の人よりも良い状態の人もいる[47]。人道計画は、隣人が同じように生活状態が悪い中で、難民を援助対象にするとき、差別的対応と見られうる。

多くの都市難民は、新しい環境で働くことに初めは準備ができていない。農業や牧畜の技術はもはや役に立たず、都市で使える商い、専門職、事務職、工場労働、サービス業のような職種に適応可能で、適切な技術を持つ家族は有利である。これは、以前に農村に住んでいた人々だけではなく、医者、法律家、会計士といった専門職であっても、資格の使用には、追加的な訓練や地元の資格認定書を取得しなければ働けず、同じことである。

個々の難民にとって、あまりにも急激なアイデンティティの変化は、損傷である。精神衛生の問題が生じる。彼らは、新しい所属場所で、安全な未来を描けないまま、過去の深い悲しみと対処するために格闘する。事態が非常に早く変化するので、新しい意味が得られる前に、従来のアイデンティティを失う怖れがある。[48]

都市難民は、到着時、友人、親類縁者から振る舞い方（行動の仕方）の助言をもらったり、地元住民とのトラブルについて警告されたりもする。[49] その結果、多くの人は一から経験して学ぶということなく、情報を蓄積する。これは利点だが、中には誤った情報もあり、難民社会内で増幅される危険があるかもしれない。

公的な支援制度が十分でない中で、難民たちは限られた資源を共有し、同胞の中で連絡網を発展させる。雇用と援助授受の機会は友人に伝えられ、難民社会内では、小規模の共同投資とマイクロ・クレジット計画も作ることが可能である。

都市に住む避難民は、避難という追加的な負担と、保護への懸念のために、他の都市住民に比べ、強靭性の度合が低められている。〝難民になる〟きっかけは受け身かもしれないが、しかし全ての面で受け身というわけでもない。彼らは、難民とみなされることによって受ける社会的な結果と限界、得られる援助と機会を知っている。それぞれの場面で、異なった対応の仕方をする。〝難民ラベル〟が持つ無力さ（犠牲者）という否定的な含意に不満を持ち、難民であることを拒否することもある。ある状況では、難民であることを受け入れ、他のところでは避けるという、種々の主体的な形を維持している。

多くの人が、人間としての本質的な部分で、難民でいることと、アメリカ、西欧などで市民になるという望みとの間で、考えを分けて暮らしている。

第2章　都市難民へのアプローチ
――基本となるデータと分析法――

1　はじめに

難民・避難民への性的、物理的な暴力は、途上国の難民キャンプと彼らが移動して住む都市で発生し、大きな懸念材料のままである。都市の難民・避難民は、保護の点から重要度を高めている。今日、多くの難民が難民キャンプに滞在するよりも都市に住むと見られている。都市という環境の中で、彼らは不安定な状況にあり、脅迫、搾取、そして常に逮捕の恐怖の下におかれている。都市難民の調査で直面するのは、基礎となるデータがないことである。多くの都市で、難民・避難民の数を推定することは困難である(1)。彼らについての国勢調査のデータは正確さを欠き、推定値は調査で補正されねばならない。得られるデータは、国家段階か小規模の地域社会での調査か、難民の世話をする援助機関の記録になる。[2] 調査においては計画が短期という困難さと、当の政策により影響を受ける人々に接触する難しさがある。

他方、先進国の伝統的な移民国では、難民・庇護民の経済統合やホスト社会への影響について多くの研究があるが、文献はしばしば労働移民、家族移民、庇護民、定住計画による難民を区別していない。アメリカ、カナダ、オーストラリアでは、庇護申請で入国した人々にはあまり注意を払わず、定住計画で入国した難民に焦点を合わせている。本章では、主に途上国の都市にいる難民・避難民を捉える枠組みについて述べる。

2　移動の心的状況

移動は元来、安全で安定した生活を得る肯定的な手段であり、その機会を作り出すと考えられている。[3] 移動と家計について調べた文献は多いが、生活は常に、移動という影響を受けた人全てにおいて持続性のあるものではなく、ある行為者の動きがしばしば、他の人々の服従・苦難の原因となっている。ラテン・アメリカでのダム建設による避難で最も影響を受けたのは、典型的には社会の最貧層、最も周辺化された人々であった。[4] スーダン・ダルフールでは、スーダンとリビア間の国境閉鎖で、多くの若い労働移民集団が代わりに、部族の民兵となり、戦いに出た。彼らには、①反政府勢力への参加、②キャンプに収容される、③飛び出す、という三つの選択肢があったが、多くの若者は生活のために民兵になることを選んだ。その結果、他の人々の生命や生活は脅かされ、破壊された。[5]

移動を決める際には、①積極的な選択、②事態への対処か、生存のための選択、③強制、の三つの場合がある。

移動という決定は、経済的、政治的、社会的に真空なところでは起こらない。自然災害、開発プロジェクト、紛争は人々を追い出すが、特に貧しく、生命や生活資源への最小限の管理能力しか持たない人々に影響を与える。さらに、国内外の出入国政策が人々の移動を促したり、留まる決定に制約となったり、逆に誘因となったりする。

強制移動の原因について、マクロ段階での政治、経済の説明を受け入れると、暴力的な紛争の中で生まれた人的な荒廃の中で、問題の理解が容易で、かつ可能と思われるかもしれない。つまり、紛争地域を逃れる人は誰もが、紛争のせいで離れたと思われるかもしれない。難民の決断や意図を法的、実際的あるいは社会科学的に決めるのは難しいが、当人が逃亡以外にできなかったという社会状況を認めることは容易である。しかし現実に行なわれているのは、社会科学的な分析というより、人々の移動を規範的、形態的に見て作られたラベルや範疇を無批判に受け入れているだけである。

現在の複雑な状況の中で、援助や保護が必要な集団が現われ、国際社会の関心を引いている。彼らの特別の状況を説明するのに、戦火被災民、拷問の犠牲者、一時保護者、無国籍者、環境移民などの多くの用語が使われる。ただし、強制移動民の範疇は互いに排他的ではなく、しばしば重複する。強制移動民は、一つ以上のグループに同時か、連続して属する。帰還した難民は、もし紛争が続いたり、その他の理由で自宅へ戻れないなら、国内避難民になる。環境が地雷原のように損なわれていれば、再統合はできず、環境移民になるかもしれない。

一つの特定の集団の比較的まとまった移動と見えても、その中には様々な型の移民や集団を含み、彼らは異なる状況下で様々な要因とその強さの程度により移動する。アフガニスタンでは、単一の同じ村落でさえ、移動で利を得る世帯の一方には、移動を通じて対応しようとする世帯、移動を通じて生き残ろうとする世帯があった(6)。勿論、逃亡せざるをえない世帯もある。

出発の時点、特に最初の避難の後の移動では、様々な考えが混じり合っている。人々は一般に全体的な観点から、より良い未来を求め、かなりのマクロ像を描き、危険の最小化を望み、人間としての発展の見込みを極大化しようとする。そうすることで、入管制度や難民制度で提供される福祉の機会を極大化して、短期的な生き残り、中・長期の生計の見通し、政治的・経済的・社会的な地位、家族の一体性やその他の問題を埋めあわせようとする。

紛争が長期化し時が経過すると、影響を受けた地域では、母国に留まる家族を支援するという経済的理由などのために、自国を離れることが益々、重要な要因になるかもしれない(7)。これは明らかに送金行動につながる。紛争下で、個人と家族が互いにどのように振る舞うかについては、労働移動の文献でもあげられる四つの動機(8)(移住者と家族との暗黙の了解)がいくらか説明になる。①適度の利他主義(啓発的な自己利益)。家族によっては紛争により、死や別離で絆がこわれる怖れがあるが、しかし移住者は依然、家族の幸福(消費生活と福祉の向上)への実用性と満足の気持ちを持つ。②保険。移住と送金は、危機的な状況を生きる人々にとって保険となる。家族は収入源を多様化するため、外国で働くことを一人のメンバーに割り当てる。困難な時期、家族は一つになり助けあう。移住者がホスト国で直面する危険と、残った家族が直面させられる危険は互いに関連することもある。③義務。移住者は、出国の資金を負担した両親ないし他人に、直接間接に、貸与物・貸与金を返済するために送金する。家族から受けた教育費、移住費用のような人的投資に報いる義務を感じる。貸与金の返済動機は最も強い。移住者は送金を動機づけられているが、家族からの支援も期待している。④自己利益。おそらく最も少ない。自国の状況と帰還に不確かさがあり、移住者は、相続、贈り物、資産管理、地域社会内での移住者の地位保全を考えたり、親族に資産管理を委託する。この謝礼として親戚に送金する。移住者は、自分の動機で様々な方法を考え、行動している。

ただし以上は、あくまで理念型であって、現実には紛争国から移住してくる人には、送金行動の意味・目的でかなりの違いがある。紛争国家での移動の因果関係について考えることは、全てを経済的理由にしたり、マクロ段階の政治的説明でかたづけるのではなく、これらの文脈の中で、移動の複雑な因果関係を認めるモデルを見つけ出すことである。

私たちは強力な二分法、強制－選択、政治－経済、紛争－平和のような観点から、移動について考える傾向がある。多くの場合、現実は曖昧で、ぼんやりとしている。大半の移動には、強制と選択という双方の要素がある。マクロ段階で、政治的、経済的な不安定な要因は密接に絡み合い、ミクロ段階で、生命や生計への脅威が密接に関連しあっている(9)。

人の移動についての文献が、大量かつ増え続ける中で明らかになっているのは、移動の型が極度に多様性を持ち、複雑になっていることである。この多様性のゆえに、あらゆる段階での大きな違いを捉える分析的な方法が求められている。

3　都市への流入と困難な実態把握

自国を逃亡した難民は、すでに人口が過剰となり、インフラが追いつかず、公共サービスが不足する都市に流れ込む。難民は着のみ着のままで、途上世界の都市、ナイロビ、カンパラ、ヨハネスバーグ、カイロ、ニューデリーのような都市のスラムに流入する。そこには、失業、犯罪があり、粗末な住居、限られた基本サービス（飲料水、衛生設備、ゴミ収集、公共輸送など）しかない。難民と認定されれば、難民条約の加入国なら、状況次第で労働権を持つこともあるが、熟練労働者や専門技術者でさえ通常、低賃金、非熟練の職種で働かざるをえず、労働契約も社会保障もない。難民は生きるために、様々な対処戦略を考え、行なわざるをえない。スーパーマーケットで安い食料が入手できることは多くの貧しい家族の生存を支援するが、住まいとする地域での難民の農業生活の可能性は奪われる。それまでの自給生活から、貨幣でしか物が入手できない商品経済の下に置かれる。移動過程の力学は、脆弱な人にはさらに脆弱さを加える。

移動過程のいくつかの面は、強力な制度的な枠組みで明瞭に構造化されている。例えば、厳格で効率的な入国管理制度、コミュニティ間や民族間の関係と連絡網、公式・非公式の連絡・情報網である。移動過程はかなりの程度、ホスト国の意向で管理されるが、他は送り出す原因国の意向や制約（出国制限）で管理される。

移動過程ではまた、仕事斡旋人、ギャングリーダー、ブローカー、人身売買人、難民コミュニティ内の有力者などが直接、移動過程の状況にかなりの影響を与える。移り住んだ土地での数少ない仕事の情報を持ち、現地資源の入手を管理する、政治的・経済的エリートがいる。民族集団内部に新たに生まれた力と、移り変わる力関係の民族誌的な理解が必要である。それらは、社会的な流動性と経験を通じた階層の再構成となっている。それぞれの家族は異なる背景を持って移動し、生活戦略も異なるが、誰かには利となり、他の人には不利益となる、その土地特有の力学が働いている。

一般に、難民と認定された場合には、特に難民条約の加入国のときには、移動の自由が与えられ、労働権、教育、保健医療が国民と同じように利用できるべきであり、彼らの生計への助けとなるべきである。

しかし、現実はどうか。ホスト政府は、しばしば難民の労働市場への参入を制限する。労働市場にはさらに、語学の壁や、違法な低賃金、差別がある。UNHCRやその他の援助機関は、これらの状況にある難民のために、都市の複雑な経済環境を理解し、機会を作り出すことができていない[10]。

実態の把握のための手段は、明らかに方法論に関わる。例えば日本の難民なら、まず日本全体での国の調査による難民人口を手始めに、この人口の一部を東京に割り当て、それから都区内の各都市にいたる。次いで、各種の刊行物・資料、社会福祉サービス、簡易宿泊施設の情報、難民関連組織や法務省入管局、都統計局、市役所の情報と混ぜ合わせてみる。

都市難民の人々は、出身国毎に一定の地区に密集して住む傾向があり、この傾向はサンプルを集める上で助けとなる。通常のサンプル調査、例えば単なるランダム・サンプル調査では、サンプル数が多いときでさえ、非常に数少ない難民しか姿を現わさず、不十分である。多くの調査者は、「雪ダルマ式サンプリング」をして、調査者が知り得る、あるいは援助組織に関わる難民のグループが他の難民を見出すようにしている。こうして、予想は確実には立たないが、サンプルは得られる。

このやり方の欠点は、難民は自集団やその連絡網から人々を選ぶので、サンプルが偏る傾向があることである。調査者は、麻薬使用者、不法移民、病気にならない人のような、他の隠れた人々へ、難民移動の分野を越えて視線を向ける必要があるかもしれない。そのサンプルを選び出すためには、異なる視点と技術の工夫が欠かせない。雪ダルマ式サンプリングの修正を言えば、部分的ではあるが、偏りを減らすため、サンプル数を増やすことで一般性が改善できる。その評価をするため、ほどよく正確な数量的指標を見出すことが必要となってくる。

難民へのインタビューは、難民のリーダーやNGO関係者の情報に基づき、目的を持ったサンプル調査だが、インタビューが可能になるのは、居所が把握でき、接触が容易な人々に限られるという偏りがある。とはいえ、現在は多くの新しい方法がとられている。インターネットを使って、常に可動性のある人々と携帯電話でつながりを維持したり、地理的に離れたところにいる情報提供者と交信ができる。

情報・データが得られても、通用範囲、信頼性、詳細さの点で大きく異なり、複雑な状況を正しく理解する単一の方法はない。明らかなのは、質的調査は優先される必要があり、個人史、非公式の観察、カギとなる情報提供者、対象となる集団へのインタビューなど、様々な方法が同時にとられることが重要である。

4　国際強制移動研究と生計アプローチ

大半の難民はしばしば、敵意ある不慣れな環境の中で、生存の難しさと闘っている。なぜ人々は移動し、この移動の結果はどうなるのか。移動する難民の生活は、政府の政策のような広範な政治的、経済的要因と同時に、どのようにして特定な場所におけるミクロな要因により形作られるのか。例えば同じ貧困に見えても、個々の状況ごとに非常に異なっている。その度合いは大雑把に言っても、「非常に貧しい」、「貧しい」、「何とかやりくり」、「豊か」、がある。「非常に貧しい」は例えば、子供が学校に行けず一日一食のみ、大家族か一つ以上の家族で一つの部屋を共有、決まった収入手段がないというものである。

通常、貧困はそれに関連する直接の要因や制約の点から説明されるが、非所有、搾取、不平等といった継続的な関係とプロセスが今日の貧困を継続させる深い原因である。生活の場面は、支配力が働く場所であり、暮らしには政治力、経済力、社会力が及ぼされる。貧困は不運の結果だけではなく、主として他人による排除の結果である。(11) 支配構造、社会関係が存在し、資源が欠乏することは、難民に生計戦略を考えさせる。難民はどのようにして生計戦略を生み出し、彼らが住む地域社会にどのような変化の力を与えるのかを見ることが大事である。

生計に基づく調査は、草の根段階で、移動と生計戦略の間の複雑な相互作用を明らかにする上で非常に重要である。多くの貧しい人々の間での移動についての生計調査では、その暮らしの程度が非常に異なり、動的な生計戦略として明らかにされてきた。移動は、孤立して考えられるのではなく、家族のための生計戦略の一つと考えられている。

生計アプローチ（livelihoods approach）は、草の根段階で、個人、世帯、そして彼らの行動と戦略に注意をはらうことで、人々の働きをつかみ、この働きが生活過程の中で果たす役割を探る上で価値が高い。人々は、様々な生計の目的を達成するために、彼らの資産を使って、移動を含む多様で複雑な生活戦略を追求する。

繰り返せば、生計アプローチは、草の根段階で移住者や家族の働きや潜在能力を捉える上で、特に有用である。そしてそれは、特定の社会内での移住の多元的な力学と関連する生活機会、戦略と結果を探る上で役に立つ。しかし、移住者や家族が戦略を追求できるか否かは、動的な社会、経済、政治関係と、人々や集団が互いに力を及ぼし合う制度が作り出す様々な制約や機会を分析することでのみ理解される。

現場での生計調査で強調されるのは、構造とプロセス、ミクロ・マクロでの力関係と富裕度の問題である。しかし生計アプローチは一般に、社会経済の変化の歴史過程を捉える力は弱い。とはいえ、このアプローチは、紛争、開発やグローバル化のような社会的、経済的、政治的変化の過程の一部としての移動を調べる上で、現在の移動研究でのいくつかの重要な弱点に応えることが可能である。移動研究の弱点[12]とは、人々の移動の原因、状況、結果に目配りが十分ではなく、過度に単純な移動の型や二分法へ依拠しがちなことである。移動過程の移り変わる力学を認識したり、その理解を深める努力が不足することである。

生計アプローチは初め、農村開発の中で使われ、移動後、人々がどのようにして生活手段を獲得し、移住場所を定め、送金するのかを探る概念的な枠組みを提供していた。このやり方は一九九〇年代に最初に開発されたとき、開発の様々な影響を考える中で作られ、社会現実を明らかにしてきた。焦点は、人々が持つ資源であり、それらを人々がどのように使い、移住を含む生計戦略を組み立てるかに定められていた。

次いで、この方法は、難民や紛争の影響を受けた人々の分析に使われ始めた。いくつかのモデルがあるが、脆弱性の概念と権力関係に注目したものが難民状況の理解には、特に有用である。アプローチは、望ましい結果を達成するために難民が使う資産や戦略、そして制度的・構造的文脈、いわゆる〝脆弱性の文脈〟やプロセス、制度、政策の分析からなっている。世帯の生活手段や意思決定が分析の中心である一方、制度や構造、プロセスの分析もまた、生計の機会、戦略、結果を形作る上で重要である。

移動の形態は、社会、経済、政治関係、プロセス、制度・構造と、個人的、家族的生活戦略の相互作用で多くが決められる。かくして移動はそれ自体、多くの地域社会がより広い政治経済につながるカギとなるプロセスである。特定の文脈の中で究極的に移動の結果となる移住者の働きに影響する、政治的、経済的、社会的要因と、移住者の戦略に直接影響を与えるホスト国の地域社会の諸要因がある。両者の影響を受けて、移動民は生計につながる独自の戦略を生み出していく。

特定の文脈のミクロ、マクロの政治経済の探求と分析を全て包含した単一の方法はないので、包括的な絵を描くいくつかの枠組みを柔軟に採用する必要がある。移動は、ミクロ・マクロの政治経済の構造、関係、プロセスと、地域社会段階での人々の生活が、その中に埋め込まれている。それゆえ、特定の移動の型は、広範なミクロ、メソ（中間）、マクロ段階の関係[13]、プロセス、制度構造（それは社会、経済、政治、歴史の文脈を作る）の中で、個人が行なう世帯の動的な生活戦略という相互作用で決まる。グローバルな変化過程と、移動のミクロ段階の理解をマクロ段階につなげる移動の力学の相互作用を深く理解しなくてはならない。国際政治経済は、グローバルなマクロの経済プロセス、権力関係、搾取と蓄積のプロセス、不平等の構造の分析に理論的、概念的枠組みを与えるものとなる。

世界システム論のような国際政治経済分析は、資本による搾取過程、国際的な経済力関係の不均衡に関わっているが、直接に地域社会段階の事柄とはつながりを求めてこなかった。この方法は、国際資本主義制度のマクロの力学が、地域社会ではどのようにして、個人、世帯、地域社会での生活に影響するかの分析では限界があった。ミクロ要因をマクロ要因につなぐ方法は、特定の移住関係と関連の過程を通じて、人々の元の地域社会や移住者の生活福祉にとって重要な様々な資産が異なった方向に、どのように移転させられるかを調べることである。送金は勿論、カギとなる重要性があるが、通常すでに移動過程の分析に組み込まれている。教育、情報といった他の資産の流入こそ、世帯にとっては重要かもしれない。

移動過程を調査し分析する方法は、関連する広範な政治経済的展望を持って、現場段階の移動の力学の探求、すなわち異なる段階で移動者と相互作用（脆弱性を引き起こしたり、逆に移動の誘因となる機会を作り出す）する事柄の理解を深めるために、生計アプローチを結びつける必要がある。移動の力学を分析する、より強力なアプローチは、移動と生計プロセスに関与する、異なる主体者間の関係、権力構造に直接注目する、政治・経済アプローチの分析と、現場段階で移動力学を分析する生計アプローチを組み合わせて移動過程をみることにある。[14]

移動をより良く理解するには、包括的で、時間と空間を横断した全体的なプロセスの把握に適した理論的、分析的な方法の開発が必要となっている。その方法は、過度に決定論的な経済モデルや移住理論を超えて、そして異なる次元で異なる文脈で、因果関係による根拠に基づくことを求める。上から下ろすのではなく、下からの積み上げ論が必要となる。

現場に目を移せば、ホスト政府と援助機関は、大量の資源を費消せず、ホスト社会に不利益を与えることなく肯定的な成果を持たねばならない。難民への生計アプローチの考え方は、彼らの特定の脆弱性、資源、そしてそれらの脆弱性やホスト社会の変化への影響を減らすための戦略として役立つ可能性がある。生計計画と呼ばれるものは、職業訓練、マイクロファイナンス、起業支援、法的扶助、職業斡旋、徒弟制、助言などを通じて、賃金労働、自営業を促し、家族の所得創出を直接支援するものとなっている。

第3章　難民の法的保護
――国家の政策と法制――

1　はじめに

国家の法律（難民法やその他の移民法）と政策は、その実施母体となる官僚制度とともに、都市での難民の生計追求と能力発揮の程度を決める重要な要因となる。難民キャンプや農村地域では、政府はしばしば、難民事業に重きをおかず、人道機関に事業運営の多くを委ねるが、都市では国の存在がより明確、活発になる。都市難民は、国際的に管理運営されるキャンプや定住地の人々と異なり、特別の保護はなく、彼らへの権利を定めた国内法次第である。政府は、難民の移動の自由に関わり、労働権、他の経済活動、土地建物の所有に関与する。警察は、定期的に非正規の商業行為を取り締まり、売り歩きや路上販売を取り締まっている。難民は、商品を押収されたり、賄賂の支払いや、他の形態の不当な保証金を要求される。政府が、政策を侵害された際にどの程度、度量を示すかで、難民の生活能力は大きく変わってくる。

都市に難民がいることには、ほとんど全てのアフリカ諸国の政府が反対している。都市での難民・避難民の問題は、政府の政治的考慮が強く働いている。政府の中には、彼らの存在を控え目に扱い、特に彼らが政治問題になっている場合には、その存在を否定することさえある。ケニア政府は、ナイロビ市内に難民がいることを否定し続け、エジプト政府は、絶えず難民の問題を避けようとしてきた(1)。南アフリカ政府は、都市に移動した難民は、〝ご都合主義〟で、〝暴力的〟で、〝適応しない人〟と言い、敵意に満ちた難民行政機構は、都市区域に住む人々に難民の地位で認められた適切な保護を与えていない(2)。

他方、政府によっては、政治紛争で国内避難民の側に立つ場合、国内避難民そして難民さえ支援することがある。政府は常に、国益という狭い観点から問題を見ようとしている。

世界各地域のほとんど全ての途上国で、難民は彼らの避難原因がなくなるまでの〝一時的なお客さん〟として受け入れられている。政治状況が変化し、逃亡原因がなくなったら、亡命期間にかかわらず、帰還が期待されている。大半の受け入れ国政府、特に原因国に隣り合う国は、難民をお客さんと見て、恒久的な定住を妨げるか、禁止する政策をとっている。具体的には、移動の自由を制限し、労働したり、自営の商いを制限することで、難民の実生活を損ね、統合を妨害しようとしている。政策は、収容策をとり、一方官僚的な対応としては制度上の障害を作って、活動許可の取得を妨げている。トルコでは、政府の政策が難民に対し、社会障壁を作ってきた。クルド人難民・避難民は、公共の場や学校でクルド語の使用を制限され、困難な目に直面し続けてきた。社会障壁は、彼らの一層の周辺化につながっている(3)。

広範な制度面の障害もカギとなる。特に、保健医療、財政、教育の実施と、難民に受け入れ国の国民用のサービス利用を許すかどうかである。難民が法的にはサービス利用を認められても、制度自体が、非市民には高い手数料を課したり、市民なら必要ない書類を求めたりすることがある。

また多くの国々が、他国を経由してきた人々の難民申請を認めようとしない。彼らは他国ですでに保護を与えられていたかもしれない。それゆえ、一般に疑われるのは、そうした人々は経済的動機で移動し、迫害ではないと受け入れ国が考え、庇護をためらうからである。

東欧・旧ソ連圏では、難民に対し、受け入れ社会に否定的な態度があり、問題が悪化している[4]。ロシアでは、難民は北コーカサスの紛争のため、地元住民から疑いの目で見られる。ロシア、ウクライナでは、一般に外国人、特に可視できる少数民族への国民の敵意があり、かつ難民への国家からの保護がない。アフリカ人への人種的な襲撃がある。東欧・旧ソ連圏は、国際社会や国際難民制度からは歴史的に孤立しており、域内政府の能力は限られ、難民に対し、気の進まないことがある。

政府の後ろ向きの政策、そして嫌がらせの風潮は、難民の生活の安全を確保する上で、中心的な問題となっている。生活上で難民の困難さを増している。しかし都市の状況が同じであっても、これらの政策や制度だけでは、難民の生活上の安全を、完全に説明し尽くすことができない。人々はそれぞれ多様な対処の仕方をする。何人かの人はうまく対処し、安全を保っている。ナイロビでのソマリア移民のように、何人かは経済的に成功さえしているることも忘れてはならない[5]。

都市難民への国家による隔離、人種差別、治安強化、犯罪人化は、市民権という決定因を仲立ちにして、内部者と外部者の間に違いを作り出し、永続化させている。都市難民の問題は、政策的関心と研究上の関心を高めてきている。〝南〟の国々での都市難民への国家の政策の点から見ると、そうした面でグローバルに不平等さが存在することは、少なくともなぜ彼らが多くのサービスから排除されたかだけでなく、〝北〟の先進国への脅威の感覚が原因であるという説明を部分的に支える根拠となっている。難民の存在を否定する政府の傾向は一層、保護への要求を主張する難民にとって、解決すべき課題となっている。

都市は一般に、逃亡した人々への安全な場所ではない。嫌がらせ、脅し、勾留、追放と、難民は不安定な法的地位にある。これは公的な保護制度の利用を妨げている。彼らを探し出し、彼らにだけ援助を限るのは、都市貧民との関係もあって、彼ら難民を危険にさらすことになる。このことは、実行上も倫理的にも問題を生む可能性がある。重要なことは、難民が拡散して住んでいる都市の中で、匿名でいたい難民をどう保護し、安全を守るかである。

2　国家の安全保障への懸念と負担の感覚

様々な問題がすでに山積している都市で、難民の存在は、政府や国民から経済、社会、政治への脅威と見られる。途上国、特にアフリカでは、国家および社会の安全への切迫した脅威として、都市難民を特徴づける明らかな傾向がある。

問題が安全保障に結びつけられると、〝実在する脅威〟として語られ、緊急に方策が要求され、通常の政治的な手続きの範囲外の行動を正当化してしまう。安全は、社会全体が努力して成し遂げる普遍的な善とされ、難民に対する厳しい方策は、申し立てられた言い分で正当化されるからである。結果として、難民に関する国内法や、その他人権に関連する国内法は、国際難民法の原則とは反対の取扱いをしてしまう怖れがある。

国家の安全・警備という恣意的行動のために、事態は難民の福祉を脅かすだけでなく、国民の間に被害妄想や外国人嫌いの感情を生み、難民への敵意を作り出す。都市にいる難民への警備は新しいことではないが、いくつかの変化の結果として強められる。多くの農村地域で生活状況が悪化したことは、収入の機会を求めて、アフリカ人の都市への移動を強いてきた。これらの大量流入は、都市経済の構造的転換がない中で起こってきた。結果として、人々はスラムへ流れ、社会インフラが弱体か全くない中で、国家には大きな負担となっている。避難民社会のために要する、食料、住居、職業関連の費用と入手可能性の影響についてはあまりわからない。相対的に、都市難民の数はわずかだが、彼らを〝重荷〟と見る考え方は、国家が政治的に決断を下す、排除という不適切な政策の根拠となる。

望まれていない、あるいは不必要だという微妙な調子は容易に見分けることができる。難民・避難民には、受け入れ国の市民に対し、国家が制度により支援する額・程度よりも、低い財政支援が与えられる。これは、国家の支援に値する人（市民）と値しない人（難民・避難民）という考えに基づいている。この〝望まれていない〟という範囲と区別立ては、入管法と支援の方策に反映される。学生や専門技術を持つ人は、最も求められている人となる。難民は待遇の優先度が低くなるが、いくらかの支援を受け、労働する権利を持っている。

重要な点だが、よく見逃されるのは、人間には人としての歴史があり、願望があり、向上心を持つ点である。つまり、難民が何を望んでいるかの問題である。キャンプ収容は、難民を管理したい国家や国際機関その他に、多くの利点がある。この制度が難民にもたらすのは、自主性の制限、移動の自由の制限である。勿論、キャンプは、難民によっては、状況次第で利になることもあるが、難民生活の制度化は、難民福利に決定的な影響を持つ(6)

ことが広く認められている。

キャンプは、他の面でも不都合で危険な場所である。難民は自国軍隊や反政府武装勢力、解放軍の標的になりうる。ウガンダ北部の難民キャンプでは、「スーダン人民解放軍」（Sudan People's Liberation Army, SPLA）が前線から逃亡し、難民キャンプに入った以前の兵士を襲撃した。アパルトヘイト終結前、「アフリカ民族会議」（African National Congress, ANC）や他の南部アフリカの解放勢力は、隣国の難民キャンプに自由に出入りしていた。彼らは日常的に、反対者や敵への通報者を殺害していた(7)。

多くの政府は、都市の難民は農村地域にいる難民よりも、〝不正な活動〟に従事する傾向があり、犯罪化しているという。しかし、農村の難民キャンプや定住地から逃亡する難民にとって、都市に法的に居住場所を移すという手段が全くない。キャンプに閉じ込められるのを避ける唯一の方法は、彼らの考えによれば、居心地の悪い場所から、不法に脱出するか、旅行許可を得るために賄賂を払うしかない。

都市に移転後は、難民は政府官吏に直接か、仲介者を介して居住許可を取得するという不法手段をとることを余儀なくされる。多くの難民は、偽の居住許可証を入手するために、法外な手数料を支払っている(8)。

これとは反対に、受け入れ国政府は難民の自立を促進する道を選ぶこともできる。スーダンでは一九八〇年代、他国へ国民が移民し、労働力の巨大な流出があり、難民はその代替になる可能性が見られた(9)。中米エクアドルでは、憲法で難民に平等な権利を保証している。労働省は無料の労働許可を全難民に与え、難民の地位が持つ意味を雇用主に伝え、労働市場への参入を手助けしている(10)。

制約と管理を強調する政策は、難民が社会を損なっているという否定的な見方を国民に伝えることで難民の社会統合を阻害している。この事実は否定的で、難民の地位を認められた人の社会統合を進める政策と大きく衝突する。二つの政策は相反するものを含んでいる。国は難民を阻害する一方で、語学訓練などを難民に与えている。難民への対処は国家の責任であり、多くのことが国家に関わってくる。途上国においては、国際社会からの財政的、技術的な支援が必要となる。国家の根本的な役割は、法規の効果的な適用、特に難民を含む全ての市民の権利を保護する法の開発である。

キャンプへの収容策から、外国人嫌い、路上での嫌がらせのような社会排除まで、一連の事柄は経済活動をしようとする難民の権利や能力に制限を加えている。社会資本は、「受け入れられている」という状況の中でのみ、発展させることができる。それゆえ、難民に永続的な生活を発展させる上での政策は重要である。おそらく必要とされるのは、反差別と機会平等を地元住民に伝える教育を強めることであろう。

3　厳しさを増す〝北〟への入国と暴力的抵抗

北の先進国でも、庇護申請（難民申請）する人々を隔離し、緊急の収容施設に収容することが急速に拡大している。勾留や非認定者の送還が行なわれ、労働や語学学習の機会を難民認定申請者に与えていない。法的手続きのために放置される期間が長期化され、彼ら難民の社会統合が進まないようにしている。

アメリカや西欧の入国係官は、申請者に初めから懐疑的な態度で接すると言われている。インタビューされたあるイギリスの入国係官は、難民は経済移民だとして面接を始める、と述べている。係官への訓練は、申請者の嘘を見破り、送り返すことに焦点を合わせている、という。[11]

北の先進国は入国管理を維持するために、難民認定で難民条約の難民の定義を狭く解釈している。一方、アフリカ諸国は一九六九年のOAU条約のように、難民の定義を広くとってきた。世界全体を網羅する一九五一年難民条約自体がアフリカの現実にそぐわないことと、難民の責任を国際機関に委ねるというアフリカ諸国の意図が背景にあった。このやり方は、大量の数の人々の移動を非政治化するという、もう一つの役割を持っていたが、この国家主導のやり方は、直接、空間的な隔離政策に行きつく。それにより、収容された難民は、受け入れ国や国際機関に管理可能なものとなった。

ところで、より良い援助や定住の機会を求めて一つの国から別の国へ移動する人々の中には、彼らの期待が満たされないと攻撃的で暴力的になる傾向がある、とUNHCRは見ている。[12] この現象は、世界の全ての地域の都市難民で特徴的な事柄になってきている。彼らは要求（最も共通するのは定住）が受け入れられないと、ハンガー・ストライキ、デモ、UNHCR職員への物理的な攻撃、事務所器物の破壊、占拠、自殺の脅迫などを行なう。UNHCRは経験から、最も深刻な脅しや暴力事件の原因は、難民が要求を通すために、UNHCRに方針を変えさせ、同意するように、意図的に強制する結果、起こると考えている。UNHCRによれば、暴力行為は拷問にあった個人に現われる、[13] と言われている。

アフリカ難民への定住という解決法の実用性をめぐっては、常に論議の的となってきた。アフリカ諸国から高い能力と技術を持つ難民を奪ってしまう怖れが危惧された。難民は、西欧かアメリカ行きを望む。定住は人を選ぶ際に、定住国での生活様式に適応可能な人々に焦点を合わせる。難民側の非現実的な期待[14]や、彼らからの暴力の事態を避けるためには、UNHCRは難民に定住の見通しと手続きについて十分に知らせる必要があろう。

先進国ドナーもメディアも、アフリカのみならず途上国からの難民はおろか、欧州内にいるコーカサス、トルコや旧ユーゴからの避難民に関心を薄め、多くの欧州国家が彼らの帰還に優先度をおいているので、定住という解決策より、帰還の圧力が強い[15]。都市化された人々が、再建のインフラ準備が十分でない農村へ戻った近年の最も劇的な例は、南スーダン人である[16]。

迫害国で自由や生命への危険がある場合、一時通過国や定住を望む目的国での勾留という障害よりも、難民にとっては押し出し因の方が大きくなる。したがって、北の先進国が勾留という障害を設けても、庇護を求める人の気持ちを挫くことにはならないことが、経験上で知られている。オーストラリアで長期にわたってとられた入管による勾留策も、同国へインドネシア等から船を使った庇護民の到着の意欲をそぐものではなかった。

各国政府は難民の不規則移動を管理するために益々、「勾留」という手段を使うようになっている。恣意的な勾留からの自由は基本的な人権であり、勾留を使うことは国際法の原則・基準に反することである。必要な場合でも、勾留は最後の手段であり、期間は最も短くあるべきだ[17]、と考えられている。短期の勾留でさえ、釈放後は大人にも子供にも精神面での健康に、長く否定的な影響を持っている。法に従って保護を求めている人々に対し、勾留に代わる他の選択肢は、むしろ安価で、効果的で、より人間的である。

4　法の実施と難民保護

都市では、難民に対する法的な障害があり、それが難民の生活を形作っている。例えば一九七四年スーダン庇護法は、難民は公的に指定された居住場所を許可なく離れることを禁じている。彼らはまた、財産を持つことも許されない。二〇一一年現在、一四四ヵ国が難民条約に加入し、うち二〇ヵ国が就業への権利を定める第一七条を留保している（UNHCR調べ）。しかし難民の国際条約あるいは国内法が採用されても、難民保護が守られるという確証はなく、都市難民の脆弱性により大きな影響を与えるのは、政策であり、実施措置である[18]。障害は、構造的に法的な枠組みの中に組み込まれている。難民が仕事をしたり、自営業を行なうことが認められている場合でさえ、官僚的な手続きといった社会的な排除となる障害がある。大半の難民が独力でこれに立ち向かうには、あまりにも複雑で、大きな負担でありすぎる。さらに、法的地位や書類は、難民をはじめ、多くの人々が入り混じって住む非公式の環境の中では、実際上限られた保護効果しかない。

国の段階で、難民の生活を束縛し排除する仕組みは、抑制的な法・規則、そしてこれらの政策を実施する官僚制度、つまり行政当局の形をとる。国際難民法は、迫害の待つ国への強制送還の禁止、移動の自由、労働し自営業を営む権利を定めている。これらの権利のいくつかは、法的に難民と定義された人にのみ、関係する。ノン・ルフールマン原則（迫害の待つ国へ送り返されないこと）は難民、庇護申請者全てに関係する。しかし、難民がこれらの権利を行使できる程度を決めるのは、国際難民法というより、受け入れ国の政策である。

国際人道機関は、農村地域での政策、実施、開発と人道事業の方法を開発してきた。アフリカでは、難民政策と援助計画はほとんど、農村キャンプや定住地に住む難民への保護と援助に集中している。物資を受け取るために、難民は政府が指定する場所に住むことが要求される。特定の場を指定するとき、政府はめったに難民が望む特定の要求物や技術を考慮に入れることはない。農村にかつて暮らしたことのない都市出身の人々にはなじめず、受け入れられない。難民は様々な点で、政治と政治家の犠牲者である。

しかし、都市という新しい環境への適応にあたって、法や規則がすでにあり、手続きが存在するところでは、当局側には新しい考え方や政策が必要とされている。難民への生活計画は、一般に職業訓練を通じた人的資本の樹立で賃金労働や自営業を支援したり、助言を通じて、小口金融の供与、起業開発サービス、法的扶助、職業斡旋、見習い制度を供与して、小商いを支援することである。

しかし生活計画の支援は、特に難民にとって、いくつかの問題点[19]がある。最も重要なのは、政治的問題である。受け入れ国政府は、一般に生活計画を実施することには反対である。理由は、第一に、難民が居座り、恒久的な定住へつながると見ていること、第二は、経済的に貧しい市民にとって、難民が競争相手になること、である。

労働の権利を含め、難民の生活改善を主張し実施するには、とりわけ敏感さを持って行なわねばならない。政策を誤れば、善よりも害になりえる。政府が、難民の労働を黙認するところでは、労働権を声高に進めると裏目に出るかもしれない。難民が安い労働力となり、国民の好まない労働をすれば、労働と搾取という両面に目をつぶっているが、政府が黙認を取りやめ、厳格に取り締まれば、難民政策を悪い方向に向けてしまうことさえありえる。

保護を考えるとき、それゆえいくつかの論点[20]が出てくる。

第一に、保護は、援助と恒久的解決という二つの別個の位相に分けることはできない。そうした区別は経験的にも、倫理的にも区別できない。

第二に、保護のために介入することは難民のみ、と限って集中することができない。難民の脆弱性は都市により、政治的状況や避難の状況も異なり、程度も異なるが、不当に難民と地元住民を分けるのは途上国では現実的ではなく、また両者別々に制度を分けることは、二重構造を作り出すだけではなく、地元住民からの反感を生み、持続性を失ってしまう。南アフリカはサハラ砂漠以南の国の中では、最も法制化された国で、進歩的な都市難民政策を持つ国である。しかし社会に、難民への敵意がある中で、難民福祉を促す特定の計画は人々の反発を生んでいる。ただし、事情によっては、特別に対象を絞った事業が特定の保護問題のために計画されることもありえ

る。(21)

第三は、都市での非正規な経済活動を見直し、自立のための細やかな考え方による援助モデルを確立する必要性である。NGOはこの間隙を埋め、難民が様々な法的地位を獲得できるよう、説明書を作成したり、メディアでキャンペーンを張ったり、地元指導者の啓発と協力を行なうことができる。

難民を法的に保護するには、身分証明書、資格証明書、在留許可証といった難民の地位を合法的にする、法の条項や行政手段以上のものが必要である。受け入れ国側での様々な怖れや、難民にかけられる圧力が緩和されるまでの間、難民を助ける物質援助は、法的保護を補完するものとなる。

5　UNHCRの新政策と保護活動

都市難民へのUNHCRの援助手法には以前から、援助関係者の間で不満があったが、二〇〇三年以来、ヨルダン、シリアの都市にいるイラク人難民の数は膨大な規模となり、救援担当者には緊急の問題となっていた。事態は急を要し、UNHCRは従来の方法では対処しきれないため、組織的な変化を迫られ、財政的な増額を国際的に容認された。この中東での大量、かつ政治的に微妙な避難の形に対応するために、UNHCRは一九九七年に出した都市難民政策を改定し、より包括的なやり方で都市難民問題に対応する必要性を認めることになった。難民の権利に基づくこの枠組みは、保護と人道上のサービスを都市へ拡大することが意図されていた。

新政策の特徴を明確にするために、UNHCRの「一九九七年三月文書」を改めて検討しておきたい。

【UNHCRの一九九七年政策の立場】

一九九七年三月文書を批判的に検討した、UNHCR自身の見方[22]（二〇〇一年一二月）によれば、一九九七年三月文書には三つの誤った仮定・前提があった。すなわち、①都市区域にいる難民へのUNHCRの主要な関心は、物質援助を与えることである。②そうした難民は、〝問題を起こしたこと〟に責任を持っている。③そうした難民は、〝非統制の移動〟の結果として都市にやってくる。

UNHCRにとって、都市難民・庇護民の保護と援助と自立の事柄は、受け入れ国の責任という考えに長い間、基づいてきた。UNHCRの委任事項は難民を保護することであり、彼らの問題に解決策を探すことであり、援助は目的ではない[23]、とされた。難民認定を申請中の庇護民が必要とする緊急援助は、受け入れ国の制度によるべきで、UNHCRは直接の援助を避けていた。たまさか援助制度がないかあっても弱体のところでは、UNHCRがその国の市民用の同種の計画に組み込まれるよう、尽力するとなっている。この考え方は、必ずしも国家によって受け入れられていないが、UNHCRの基本的態度であった。難民の能力を強化する活動は重要と考えられたが、事業上での優先度は低かった。

都市にいる難民個人には、明瞭に、かつ一貫して、彼らへの援助は全くないと知らせるべきだ[24]、とUNHCRの一九九七年三月文書には書かれている。援助が必要な人は、そうした計画がある難民キャンプか農村定住地に照会されるべきだとした。この規則の例外は、特定の保護の必要があるか、キャンプで危険の問題に直面している人であった。他の事例はまれだが、教育や医療目的で一時的に都市へ送られるか、都市での家族再会の場合であった。

難民は当時、国や国際機関の手で、全体としてキャンプや救援センターに避難・収容され、彼ら難民は第一に、農村出身者と見られ、都市難民は例外的とされた。これが一九九七年三月文書より先の、「都市難民に関わる政策と事業について」の、UNHCRの一九九五年の文書にある最初の考え方であった。UNHCRには都市難民の公式の定義はなく、農民ではない人とされていた。[25]

一九九五年の文書の考えを引き継ぎ、一九九七年時点でのUNHCRの政策は、予算削減に迫られ、都市難民に援助を制限し、自立を促すことに焦点を合わせていた。都市で定期的に金銭や援助物資を配布することは、通常の経費の何倍も高く、実施・管理も難しく、難民たちは長期にUNHCRへ依存する傾向があった。そのため、援助は最低限に減らすべきだとされていた。NGOもなかなか事業に踏み出せなかった。援助機関にも自治体にも、難民は自分達で自活できるという考え方が支配的であった。

事態が悪化するまで、UNHCRは都市部で難民が出した要求の真実性を疑い、配布費用が急増する怖れから、都市での関与には気が進まなかった。しかし、受け入れ国の法律で難民が労働できない状況で、UNHCRが援助から手を引けば、難民は困窮化するばかりであった。現場である都市では、難民とUNHCRの関係は互いの猜疑心のために、ときには緊張状態にあった。[26]

長く懸案であった都市難民への対応を迫られて、一九九七年三月に出された政策（一九九七年三月文書）には、沢山の批判があった。UNHCRは批判を受けて、同じ九七年の一二月に新たに政策を出し、都市難民の権利擁護を謳ったが、[27]その内容は技術的、政治的理由から実行するのは難しかった。NGOのヒューマン・ライツ・ウォッチは二〇〇二年、難民の多くは都市に移動すべきではないし、都市に住むのはふさわしくないという、UNHCRの包括的な前提を鋭く攻撃した。最も根本的な批判としては、難民保護の詳細な手順・見通しを欠き、代わりに政策は大半を援助に焦点を合わせ、都市での保護ニーズを無視したと批難した。[28]

批判を受け、一九九九年末からＵＮＨＣＲの調査担当部署は政策の見直しを始め、ニューデリー、カイロ、ナイロビ、バンコクでの調査後、主要都市での難民存在の大きさを認め、都市の難民への懸念は疑う余地がないとして、新しい取り組みを論じた[29]。ニューデリーでの調査は、問題の一端を明らかにした。多くの人が益々悲惨な状態になり、差別や嫌がらせに直面していた。多くの人が有効な居住許可書もなく、不法移民として勾留や追放の怖れにあった。多くの人が生き残るために不法活動をし、膨れ上がる危険を逃れるために、不法なやり方でインドを離れようとしていた。

カラダウィ（都市難民研究の先駆者、第1章参照）が一九八〇年代にスーダン難民で行なわれ、懸念していたのと同じことが、いまだに続いていたと言えなくもない。すなわち、ＵＮＨＣＲは都市への難民流入の規模と状態を、明らかに過小評価し、流入された町の限られた資源への衝撃に鈍感だった。難民の面倒を見る組織は、警察、治安機関や自治体のような政府機関であった。ＵＮＨＣＲが物質援助を与えていたので、皮肉なことにＵＮＨＣＲは部分的に、首都への移動を促した責任の一端がある。ＵＮＨＣＲは、都市難民相手に、間に合わせの特別計画もしていなかった。政府は、都市から難民を退却させ、農村定住計画地へ移した[30]。

最後に要約すれば、ＵＮＨＣＲ内で広く深く信じられてきた長年の仮定である、〝都市難民は若い、単身の男性〟という言説は崩れ、多くの都市で現実と一致しなくなっていた。一九九七年三月文書は、社会的弱者である女性、子供の必要物に特に注意を払うとして、男性は一般に自分の面倒を見ることができ、ＵＮＨＣＲからの特別な注意を必要としないとしていた。しかし現実は、若者でさえ生活するのが困難で、自立は難しくなっていた。加えて男性の中には、老人、障害者、病人がいた[31]。

さらに、一九九七年三月文書は、都市難民に援助を与えると費用が増えることに心を奪われていた。それはまた、第一次庇護国から不規則に移動後、問題は、都市に居住する難民自身がもたらすと解されていた。結果として、同文書は、ＵＮＨＣＲの都市事業での危険と困難さもあって、難民の不満と必要な対応に十分資することができなかった。

ＵＮＨＣＲが関与する人々の半分以上が、今や都市難民・都市避難民と分類されている。二〇〇九年に行なわれたＵＮＨＣＲ高等弁務官と援助関係者との「都市での保護問題について」という対話では、解決法の転換が同弁務官から主張された。保護ニーズは益々、都市の現実を反映するようになり、それに見合う必要が出てきた。ＵＮＨＣＲは自治体、地元社会の組織その他との革新的な提携をする必要が出てきた。これは制度面での新しい課題で、難民保護での自治体の参加が浮上してきた。

この目的を達成するため、ＵＮＨＣＲは組織上で見られた都市難民への猜疑心をはらい、彼らの保護と彼らを支える人道組織になることを表明した[32]。新政策では、出発点は保護であり、都市にいる難民は、ＵＮＨＣＲへの関心事であるとした。そして、難民条約の加入国を含めた受け入れ国が、難民の扱いを放棄しているためだとして、受け入れ国政府の責務を強調している。

都市での庇護民についてＵＮＨＣＲは、地方自治体、ＮＧＯ、市民組織などが援助に参加するよう促している。ＵＮＨＣＲの立場では、従来通り、都市区域の庇護民は地元当局からの援助を受けるべきだとされ、他からの援助がなく、最低限のニーズが満たされないときには、ＵＮＨＣＲが物資援助を与えるとしている。ＵＮＨＣＲは地元住民を支援するよう委任されてはいないが、一般に難民が非常に集住する地域での活動の際には、含めるべきだと考えられている[33]。

UNHCRは、二〇一一年の事業計画で都市難民に対する政策を主要計画の中に入れている[34]。UNHCRは二〇〇九年九月に打ち出した新政策で、同機関も国家も、難民への保護義務は、彼らがどこに住もうと変わらないことを確認した。UNHCRの難民への委任事項は場所によって影響されないとした[35]。政策は、都市という都市全体の難民に適用され、首都にいる人々だけが対象ではない。彼らは同じ人権を持っている。

ただし二〇〇九年政策は、UNHCRも言うように、実施上の詳細な指針を定めたものではなく、都市区域内にいる国内避難民や帰還民にUNHCRが関与するものでもない。また、政策は、主として途上国と中進国の都市難民を対象にし、先進国での難民統合の問題を検証したり、派生的な保護問題の基準を検証したりすることでもない。

実際上、難民保護の実現については、難民キャンプでの保護でこれまでとられてきた原則（法的地位取得の促進、食料・住居という基本の確保、追い返しの禁止）をたどっているだけだ[36]、とも言われている。政策はまだ曖昧なところがあり、具体的な成功例が見られない。この新政策が都市難民に直接の効果を持てるかどうかは、ドナーの支援と受け入れ国の資源、意向・態度と能力によると見られる。

6　登録と難民認定

UNHCRが都市で関わるのは、難民、庇護申請者、国内避難民、無国籍者、帰還民である。UNHCRは受け入れ国から活動を制限されたり、圧力を加えられて、その存在を可能な限り弱められることもある。

難民の登録は、第一義的には国家の責任だが、多くの場合、UNHCRにまかせられている。ヨルダン、レバノン、シリアでは、庇護法やその関連の手続きがない。国やNGOが運営する公式の受け入れ施設がなく、UNHCRは受け入れ、登録、書類作成の中心的な役割を演じざるをえない[37]。登録は、難民がUNHCRと公式な接触を初めて行なうことである。

証明書の発行は、第一に国の責任だが、国が発行できない状況では、UNHCRが自機関の証明書を発行している。しかしこれは、難民問題はUNHCRや二、三のNGOに帰する問題だという意識にしてしまう危険性がある。

難民は、当局に登録するため、自分が安全だと感じる場所から、遠く離れたところへの移動を好まない。難民が住む場所での登録は必要である。移動して登録を行なうチームもある[38]。

登録制度があっても、多くの避難民は姿を見せず〝見えない難民〟(invisible refugees)となって、登録されない。居場所は登録しても、彼らの頻繁な移動のために、すぐに古くなってしまう。国内避難民は多くの場合、都市で登録することがなく、非常に不完全である。国の調査結果はしばしば古く、不正確で、非正規の定住地は含まれていない。

エクアドルでは、一九九〇年~二〇一三年半ば頃まで、コロンビア人の避難民、推定一七万人を受け入れた。三分の二以上が首都キトに逃れた。三分の一は難民として登録したが、半分以上が却下された。コロンビア人の多くは庇護を求めず、他の人は帰化するか、エクアドル人の親戚からビザを送ってもらい、移民の地位を確保した[39]。

多くの国で、難民認定制度は存在しないか、うまく機能していない。例えばアフリカ全体で、人が正当に難民申請ができるかどうかは、難民が農村キャンプか定住地か、都市に住んでいるか次第である。要は、政府が定めた場所にいるかどうかである。ＵＮＨＣＲが代わりに、申請書の審査と認定に関わっている。多くの援助団体は、専門的かつ技術的な役割を果たすために、公式の訓練を全く受けたことのない通訳に頼っている。ＵＮＨＣＲの難民認定を行なうスタッフは、大量の数の庇護申請者とのインタビューが続き、同じことの繰り返しと作業の過酷さから、〝もえつき〟てしまう(40)。

ＵＮＨＣＲカイロ事務所は一九八〇年代から、難民認定のためにかなりの予算を使っている。同事務所は、予算と活動を難民認定の審査に集中、そのため生活支援に関連する予算が削られ、生活計画は年々下降してきた(41)。

エジプトからスーダン難民が入国するイスラエルは、庇護制度が未発達で、国際難民法よりも、独自の入国・市民権制度を基準として使っている。その結果、庇護民が排除されている。この問題が、同国で転機を迎えたのは、彼らの送還はホロコースト（大量虐殺）になると、ＮＧＯがキャンペーンをしたときである。しかし庇護民の流入が続くと、メディアの一部はユダヤ人国家の存亡が危険になるという恐怖をあおり、国民の支持は低下した(42)。

一般に外国人の送還業務は複雑で、難民はパスポートなしでは、自国に送り返せない。イスラエルはスーダンと国交はなく、スーダンを敵国として、そこから脱出した人々を市民とは認めていない。裁判所判事は、彼らをスーダンに戻すことは不可能だが、スーダン人を保護すれば、さらに二〇〇万人の難民がやってくると考え、難民を監獄に送っている(43)。

ＮＧＯや政府機関が多数、都市には存在しているが、難民保護や庇護申請を扱う機関は非常に少ない。そのため、難民認定には大略、次の三点が問題になる(44)。第一は、国内法および国際法での難民の地位、権利について十分な情報を持っていない結果として、多くの潜在的な難民は、庇護を申請しない。第二は、権利を知る人でさえ、適切な個人や事務所を見つけ、申請するのは困難である。また関連の事務所の所在地は遠く、金も時間もかかる。公的書類のない人々には、入管や警察に発見される怖れがある。第三に、申請しても、難民への援助者が少なく、彼らの事例を継続的に擁護してくれる人がほとんどいない。そのため、追い返されたり、些細なことで庇護申請を拒否される。

中東諸国にいるイラク難民の中には、亡命の期間が長期化し、手持ちの財産が目減りすることから、住居や生活費が安い郊外への移動が起こっている。この状況下では、格差が拡大し、貧者は益々周辺部に追いやられ、〝適者生存〟の危険性がある。UNHCRと最も良く（頻繁に）接触を持つ難民は、最も脆弱な人ではなく、亡命した人の中でも、考えをはっきり述べる、企業精神を持つ、体力のある強い人々である。難民が必要とするものを見極め、彼らの意図を理解し、難民の中の最も脆弱な人々を見つけ出すことが必要になっている。

都市難民にとって、最小限の保護を超え、法的地位を得ても、国際人道法、国際人権法が保証する権利が必ずしも利用できるわけではない。未来への保証が全くない国で、難民として登録しても、真に彼らの最善の利益になるのかどうか疑わしい、という声もある。

7　書類入手と法的地位

難民は技術・技能や学歴、預金証明、土地所有の書類が必要である。国外への旅行許可[45]は、都市難民が最も望むものの一つである。そうした許可を得る機会は、農村から難民が都市へ移動する主なプル要因である。

タイでは、書類の有無の違いは明らかである。法的地位は、労働許可や自営業を行なう許可書の形で存在し、なければ社会排除を行なう仕組みとなっている。書類を持たないビルマ難民なら、生活のほとんど全ての面で、書類を持つ移民より状況が悪くなる。[46] しかしそうした書類は、しばしば逃亡途中で失われている。失われた書類の入手を無料か、安い費用で助けてくれる法的扶助サービスは欠かせない。書類入手の費用を助成することで支援することもできる。

また、難民の持つ書類について、日々現場で難民と接する人々が精通していなければ、難民は公共サービスを利用することができない。ウガンダでは、省庁ごとに難民が持つ権利について解釈が異なり、労働許可について首尾一貫しない情報を難民に与えている。[47] 南アフリカその他では、書類が整っていても、あからさまな差別や外国人嫌いのため、サービス利用を断られている。[48]

難民側も、意思の伝達が困難だったり、彼らの権利やサービスについて単に知らなければ、サービスを利用することはできない。

イエメンでは、政府はソマリア難民に難民証明書を与えるが、このカードは容易に入手でき、法的地位は他のサービスを受ける重要な障害ではない。イエメンでの書類は、難民の地位が合法だとするには意味を持つが、それで脆弱さが救われる要因にはなっていない。[49] 詳しくは後述する。

同じことは、エジプトにも言える。重要なことは、エジプトでは、難民という法的地位を持つ者と持たない者の生活には、ほとんど違いがないということである。エジプト官民には、ともにスーダン人に対し、信頼の気持ちを欠いている。[50] 働くことが許されてさえ、難民は通常、労働許可を取得せねばならない。これは困難で、金銭的にも負担である。多くの難民は、自分たちの権利への意識を欠き、労働許可書が何で、どう手に入れるのかさえわからない。複雑で高価な官僚手続きを通り抜ける金を持たない。[51]

労働許可証は広い職種で有効であるべきで、これを基にし、雇用主毎に異なる個人的な〝善意〟に頼るべきではない。難民の労働が保護されるには、難民が証明書を持ち、警察や入管がその書類の有効性を認め、それに見合う行動をとるようになることである。関係の官吏を訓練し、書類の認知度を高めることが必要である。生活の安全は、誰か一人でも家族の一員が、在留、労働許可、社会サービスの受給証その他、法的権利を示す書類を持つとき、一般に達成される。難民には、労働許可書、旅行文書、写真付き証明書などが与えられるようにすることである。

しかしその一方、法的地位が生活を可能にする程度は、自明ではない。書類を入手できる可能性と書類を持つことの効果である。人がサービスを得るのに要求される身分証明書や他の書類を得る条件は何か。どんな書類が労働権や保健医療といった社会権を与えるのか。書類は更新が必要な期限付きのものか。市民権につながるのかなど、論点は残る。

受け入れ国の法・規則が異なる一方、正式の法的地位を持てば、一般にキャンプ外で住むことが許可され、働き、サービスを利用できる。しかし多くの途上国で、難民が正式の地位を持つことはない。とはいえ〝一応の難民〟という仮の地位でさえ、書類を持つことで、恣意的な逮捕や賄賂を要求されるといった警察の特権乱用は減らすことができる。

UNHCRの二〇〇九年政策は、都市難民の権利の確保、保護の場の拡大を意図し、政策のカギとして包括的な保護戦略をとり、積極的な事前アプローチをとっている。しかしその一方で、南アフリカでは、書類は必ずしも乱用を防いでいない。書類を保持しても、腐敗した警察や官吏の行為を止めることができていない(52)。法的地位は必ずしも、適切に働いていない。多くの都市難民が、受け入れ国からの真っ当な認識を受けていない。難民が法的地位を持っていても、彼らの権利は受け入れ国の政策で制限される。法的地位のある都市難民は、追放、勾留、そして雇用や自営業から排除されている。自国民の権利さえ侵害される国では益々、難民は脆弱になる。合法と非合法の間の区別は意味が失われている。[53]

8 労働権

難民は立場にかかわらず、生存のために経済活動をせねばならない。難民のような強制移動民が生活を回復するために、元の土地で所有していた資産を利用することは困難である。資産の取り戻しは難しい。[54] 加えて受け入れ国では、社会的、政治的な排除の力が働き、自らが持つ学歴、職歴の資産利用が妨げられる。排除は、受け入れ社会、難民社会、そして受け入れ国の制度の中で起こる。それは特に生活の二つの分野、雇用とサービス利用で発生し、金銭的なものである。

都市経済は現金経済で、仕事は難民にとって生きていく上でカギとなる。雇用は、難民の国際社会への依存と地元社会への負担を減らすことになる。難民がもたらす新しいサービス、技術、生産物と考えは、地元経済を刺激する。雇用は、難民を問題と見る受け入れ国社会と地元社会の態度を変えねばならない一方、難民が仕事を通じて技術を発揮し、資産となれば、難民自身と受け入れ国の経済問題を解決するきっかけになると見られる。自立し、生産的になることが難民にとっては、自身の状況の改善となり、地元社会と受け入れ国の利益になるのだが、現実にそうしたことはなかなか起こらない。

都市という環境下では、様々な要因が複雑に絡み合っている。労働権は、難民の社会統合に結びつく怖れがあり、政府は許可を与えることに抵抗する。政府の政策は、難民が働いたり資本を持ったり、事業をすることを不法とする。難民が合法的に働く状況でさえ、世間並の職に就くことには巨大な障害がある。

難民に労働許可を与えなければ、問題の解決は危険にさらされることになる。もし彼らが公式にそうした活動をすることが許されないなら、それは当局が法を守らせるか否かの問題になってしまう。また働けないことは、難民に技術を失わせ、他への依存を増すことになる。逆説的だが、帰還も阻害される。難民が何年も働かないと、帰還しても技術も資金も持って帰れない。

都市経済の中で、働く権利とは何を意味するのか。働くことは、労働許可がない状況とどうかみ合うのか。労働権は、難民条約の第一七条、第一八条、第一九条にある。また、世界人権宣言第二三条第一項と、国際人権規約（経済、社会、文化の権利）の第六条に定められている。それらは、全ての男女が誇りを持って生活し、自立することを求めている。国際人権規約は「仕事」に関し、単に仕事というのではなく、世間並のそれ相応の仕事とし、仕事の安全と報酬の点から、労働者の権利の他に、人間の基本的な諸権利が尊重される仕事としている。

ラテンアメリカでは、八ヵ国で庇護民は労働権を持っている。しかし書類を認可しなかったり、否定的な固定観念があって、難民の雇用は進んでいない[55]。インドは、難民条約に未加入であり、関連の法制もなく、難民は法的な労働権は持っていないが、政府は近年、UNHCRに登録した難民に、長期滞在ビザや労働許可書への申請を許可するようになってきた。難民は以前、許可書がないために非正規分野で働いていたが、実現すれば、正規分野で高度の技術者が働き、若い難民の高等教育への道が開けるようになった[56]。エジプトは、労働権と社会安全の項目に留保条件をつけて、難民条約に加入している。難民は、他の外国人と同様に扱われる。同国は労働権を留保しているため、労働は国内法で規制されている[57]。

ところで、上述のことからわかるように、都市難民は、一般に労働権を認められていないが、法的には労働を認められても、実際上、政府の制限措置や高い失業率のために、手続き面での障害があり、正規の職業分野では働けない。障害の中には、逃亡した難民には持つことができない書類を請求したり、高額な手続き料の課金があるが、多くの難民には払えない。これは異常なことではない。

例えば前述のイエメンだが、難民条約に加入しており、難民は労働権を持つが、難民を扱う国内法はなく、難民は外国人として管理されている。イエメンでは法律上、労働の地位自体は問題ではなく、同国の深刻な社会経済状況が主要な障害となっている。極度に高い失業率と貧困があり、職業訓練の機会もない(58)。労働許可証の入手は困難で、商業活動や自営業をするには制約がある。

非正規の分野・職種で労働と自営業をするときには、法的地位は、あまり問題にはならない。法の規制は緩く、難民は自分のネットワークである、親戚・友人、難民組織、地域組織、宗教関係者を通じて雇用を見つけ、公式の仕組みは通さない。こうした場合、政府に対しては、直接、労働権を許可するように求めるのではなく、むしろ難民の自立を視野に入れて、小企業を起こし、自営を始める許可が得られるようにすることが得策かもしれない。

労働への法的地位を与えることは第一段階であり、それだけではなく、差別的な障害に立ち向かうために、彼ら難民に、政治的に組織化する機会を与えることである。重要なのは、安全や福祉を改善するのに重要な社会ネットワークの機能を高めることである。法的地位の獲得で成功を測るだけではなく、難民が、地元の基準と、自身のそれぞれ異なる目的に沿った安全と福祉の基準を、達成できる機会の拡大が可能かどうかを評価することである(59)。

政府と協働して、難民が経済的に活発になり、サービスを利用できるよう説得することは重要である。そのために、職業訓練は、都市向きの適切な技術を欠くグループ、特に読み書きのできない人が対象となる。実施する前に、訓練を担当する組織は、包括的な市場調査を行なうことが必要である。難民が職を得られそうな職種における、職務上の言葉、知識能力を与える。訓練は、求人、製品、サービスの面で、市場の需要に見合ったものである。可能な場合には、難民が持つ技術をそれに組み込むべきであろう。

その他、政府に専門的資格の認定と再認定を行なうよう勧め、証明書を発行してもらうようにすることも考えられる。難民に労働機会を開くため、既存の法制と裁判所を利用することになるため、地元の法律扶助組織と連携を深めることもできる。

労働権は単に仕事ということではなく、難民に自立と自尊心を持たせる仕事であり、単に基本的な必要物の一部を満たすものであってはならない。

9 まとめ

――人道と政治（市民権）――

北の先進国で入国管理策が厳格さを増す中で、途上国でとられる政策は、それら途上国での受け入れと難民統合を強く妨げている。現実に、第一次庇護国での難民問題は、難民としての地位を無制限に長引かせることで、解決への障害になっている。さらに悪いことには、難民の空間的隔離が受け入れ社会の社会的、経済的発展に尽くすことを妨害している。

途上国だけでなく、中進国である東欧で、難民・庇護民の保護には数多くの分野で問題がある。モスクワに滞在する多くの人々は有効な書類を持たず、また東欧の都市で居住許可を得ることが難しく、それにより社会サービス、医療、教育の利用が妨げられている。多くの人が、不法行為をし、非正規雇用で生活している。社会は難民に不寛容で、人種主義者の攻撃があるが、彼らの行為は処罰されない。その怖れから、難民は市中の自由な移動を抑えられ、職を得られず、自立や社会統合は妨げられている。東欧の国々は、難民への責任をほとんど引き受けていない(60)。

強制移動民の流出に対し、国際人道社会は絶えず、保護の概念に言及している。ジュネーブでUNHCR高等弁務官がNGOその他の関係者と保護について対話（二〇〇九年一二月）し、明らかになったのは、法の枠組みと権利の認識を強調し、都市での難民の保護をどう作り出し、深め、拡大させるかであった。具体的には、難民条約への加入を勧め、留保事項を取り下げ、国内法を制定するよう勧めることであった。

保護は、研究者や政策担当者であれ、実務家であれ、強制移動に含まれる人々にとって基本的な用語だが、概念化がまだ不十分なままで、実践的にも理論的にも、その意味についての研究が必要となっている。

保護は、入管での勾留、法的書類作成の上での扶助、トラウマ・カウンセリングで、難民を対象としている。それは、難民がどこで、どのようにして今ある地元のサービスにつながるかを考え、彼らが生活する場にある格差を埋める試みである。社会的結合とは、より広い社会とつながり、政治参加を意味している。

難民自身は、地元住民から対等だと見られる根拠として、同等な権利を考えている(61)。権利と市民権は、その土台となるものである。権利と市民権は、国の責任である。しかし実際の場面では、市民権よりも他民族に対する歴史的認識が、権力や資源の配分の主要な基準となっている。さらに、権利付与が可能だとしても、法的権利のみでは不十分で、これらの権利を難民が利用できるようにする支援が必要である。この支援は、難民が適応（言葉、文化背景、技術（再）訓練、社会的つながりを作る支援）できる仲介の形で行なわれる。かくして、難民の人的資本は高められる。支援はさらに、地元住民を啓発する形で行なわれる。これは、文化教育と反人種差別の意識を高め、市民の否定的な態度と闘うことになる。

エジプトでは、ソマリア難民や他の難民に市民権が与えられず、カイロのソマリア人は代わりに、パスポートが入手できる結婚相手を探し、他の場所での市民権取得という目的を遂げようとする。ソマリア人は生存のため、特に北の国での市民権取得に関心が高い。英語学習に通い、国外にいる家族と相談して密輸ブローカーに支払う資金を貯めようとする[62]。

市民権はここではもはや、所属という優位性を考える唯一の手段ではなく、直接間接に利益を左右するのは、価値ある定住国がどこか、つまり特権的な国籍はどこかという、グローバル市場の問題である。先進国に比べ、アフリカ、中東の国々では、国境が近代における人為的なものであるという歴史にもかかわらず、非市民には帰化は認められていない。グローバル都市（ロンドン、バンクーバー、アムステルダム、シドニー、ニューヨーク）に住む難民なら、現地に定住するという期待を持つことができ、少なくとも理論的には、市民として完全な市民権を得られる可能性がある。他方、途上国の都市（カイロ、ヨハネスバーグ、ハルツーム、カンパラ）にいる難民は、市民としての権利や必要な資源が入手ができず、滞在国の人間になる可能性が全くない。

都市難民を分離・隔離し、危険視する政策は、内部者と外部者の違いを作り出す国家の目的とつながっている。市民権はカギとなる要因である。一般に難民法は、ビザその他の書類や手続きなしに、他国の領域に、ある種の人々の入国を許可するので、国家の入国管理法の例外とされる。しかし途上国、特にアフリカ諸国では、難民法は排除と分離の道具として使われ、排他的な国籍法を支えることになってしまっている。

移民、帰化、市民権に関する国家の政策は、グローバル化の過程の必然的な結果である、移動の複雑な流れ、発展を形作る構造的要因のいくつかを生み出している。市民権を考えることを一歩間違えば、私たちを〝彼ら〟とは異なる〝われわれ〟として、新着者を見ることに慣れさせることになる。これは移民の〝問題化〟で、難民にだけ限られる話ではない。そうした対応は、〝他者性〟という想定にとどまらず、犯罪行為の意味すらある。この場合、他者性は、潔白が証明されるまで、信用できないことを仮定している。

啓発・唱道は、政策に影響を与える手段となり得る。UNHCRのサービスは全て無料で、同職員に対して難民が賄賂を渡さないように訴えるキャンペーン(63)も、場所と国によっては必要であろう。NGOもまた、果たすべき役割がある。例えば、難民・庇護民の保護問題を特別に対象とした法的支援である。一方、自治体と市民組織の能力を高め、訓練することもできる。

人道主義と政治の間の研究と政策的熟慮の必要性が緊急に存在している。新しく押しつけられた〝人道空間の政治化〟を見過ごしてしまえば、政治活動と人道空間の関係を過度に単純化してしまう。難民の保護を考える上で、国際人道活動への力学がどのように変化しているかの見定めをすることが重要である。

第4章　都市で生きる

1　はじめに

すでに見たように、避難した人々は都市貧民に比べ、さらに危険に直面させられる。彼らは多くの紛争の影響国で、最も貧しく、最も脆弱な人々と信じられている。彼らは資産を全て失い、安全な住居はなく、土地や資産の権利を持っていない。彼らはまた、配給や援助の食料のような公的サービスの利用の際に求められる、身分を示す書類を入手できない。彼らは、労働市場から公式に排除され、教育機会や保健医療サービスの利用を否定される。加えて、しばしば支援の社会ネットワークを欠き、都市で生活するのに必要な技術や知識を持っていない。言葉が話せないかもしれない。明らかに言語と文化で類似性がある場合でも、アフリカ大湖地域からの難民は、ケニア地元住民から敵意を向けられ、差別され、罵倒されている[1]。都市難民は、法的、金銭的、文化的、言語的障害に直面する。

状況には、当局が難民政策を寛大に実施するか、それとも厳格か、また移動の自由について制限したり、都市内のキャンプや指定地に住むことを要求しているのか、が強く関係している。また違法であっても、非正規の雇用や自営業を許容するか否かが、大きく関わっている。

ブルガリアの法制では、国の難民機関が運営するキャンプ様式の施設に入らず、外で生活する庇護申請者には、月四五米ドルの資金援助はない。労働は庇護申請の登録後、一年を経過しないと許可されない。この状況下で、庇護を求める人は非正規な分野で働き、搾取の危険にさらされている[2]。

都市生活に適応することは、経済的に恵まれない全ての人々にとって課題であり、新移民はとりわけ脆弱である。計画的に移住する場合はほとんど常に、出身地との人的、物的なつながりを維持している。こうした場合には、知人・友人の人々と住むことは貧窮の中でさえ、安全ネットや生存戦略を持つことが期待できる。それに比べ、紛争もしくは暴力行為のため逃亡を強いられた人（強制移動民 forced migrants）は、特に危険な状態にある。彼らは、他人からの支援を期待できないばかりか、しばしば物理的安全や生存への怖れに絶えず直面させられる。大方の都市避難民の対処戦略は、彼らをかくまう家族を見つけることである。

彼らにとっては、どんな形の生活安全が目標とされるのか。都市での難民と他集団の違いを踏まえ、変化をどのように測り、どんな指標を使うのか。彼ら難民の生活の安全は、次の四つの要因に影響される[3]。①法的地位と書類、②人的資本（年齢、性別、健康、教育、都市向けの技術）、③社会資本（市内および外との連絡網、集団内での関与の程度）、④到着時の資産（放棄資産、借金か預金）、である。

生活安全の決定因は、個人の法的地位で、かつこの地位を証明できる書類を持っているか否かである。書類とは、難民の証明書、出生証明書、在留許可書である。公式に難民の地位を持てば、逮捕、追放されることが少なくなる。しかし多くの受け入れ国では、難民の大半は、公式の難民の地位を持たず、むしろ〝一応難民とみなされる（みなし難民）〟か、難民認定を求める庇護申請者である。これは法的地位だが通常、労働権や商いのような他の経済活動を含んでいない。

難民の生活関連の事柄を経験的に調査したものは、量的なデータを欠いている。生活に関する研究の多くは、質的調査が主で、人類学者か援助機関の評価書である。これらは有用だが、比較分析の視点が乏しい。強制移動民の途上国での生活に焦点を合わせた研究はほとんどなく、避難民の生活の分析は不足している。データ不足には様々な理由があるが、紛争国では国勢調査や家族調査のような信頼に足る二次資料が得られないことと、データ収集は危険で、入手が困難であること[4]がある。

都市避難民の問題には、保護、住居、生活と自立、インフラとサービス、そして解決がある。安全と保護というニーズは、最も重要な都市問題の一つである。その際、生活上の必要物の入手とその利用が否定されるのを理解するのに役立つのは、社会排除理論である。

貧困は、資本利用が障害に遭遇して発生する。排除の仕組みは、資産関係が法、政策、規則を通じて行なわれるか、社会的および物理的特徴、例えば人種、性別、言語、民族、出自、宗教を通じて、機会の封じ込めを正当化して、資源の利用を独占することで行なわれている。この〝社会的閉鎖〟措置は、集団的に行なわれる社会活動の形態であり、排除と貧困という形となって、有資格者と無資格者という社会的な分類にいたる。受け入れ国でのこれらの権力関係を知ることは、強制移動民の生活経験を理解する上で欠かせない。単に基本的なニーズを満たすというのを超えたところにある。

2　受け入れ国での障害

個人や家族は、自分たちの生活資産を利用できなければならない。ここで言う「資産」とは、生存、適応、貧困削減に寄与するものとばかり考えるのではなく、行動し、再生産し、挑戦する、行為者の力の源でもあるものを意味している。資産が行動の力を与えるなら、その喪失は二重に重大である。現在では、生活資源の重要性が、単に基本的ニーズを満たすという考えを超えて、認識されるようになってきた。いわば、個人の精神世界に意味を与えるものとみなされている。

とりわけ、「住居」は重要な生活資産で、雇用、所得の獲得、物理的安全を支えている。「所得」とは、家族構成員が労働を通じて稼ぐものと、送金や援助のような外部資金からなっている。しかし難民は、労働する許可を与えられず、適切な証明書がなく、職場で差別に直面する。自国で得た技術や経験といった人的資本を利用できない。マレーシアは都市化が進み、人口の六〇％が都市に住んでいるが、クアラルンプールでは、難民はUNHCRからの難民証を受けているにもかかわらず、合法的に働けない。同政府からの逮捕・勾留の怖れの中で大半の人が暮らしている。(5)

多くの難民は、非正規分野で働き、有効な書類がないことは難民を脆弱な立場においている。雇用主は、難民は当局の逮捕や送還を怖れるため、権利の侵害をしても訴えないことを知っている。若い男性難民は通常、特に脆弱とは見られていないが、彼らは不法に非正規分野で働き、雇用で搾取され、勾留、追放の危険性がある。

金融、教育、医療サービスの分野は、受け入れ社会が排除を行なう、もう一つの領域である。国や地方の法規により、難民は地元住民とは程度が異なるサービスを与えられ、異なる料金体系下に置かれる。そこでは、受け入れ国の組織や制度が、難民用の利用規則を作る。サービス利用には、法的地位が必要だが、多くの場合それ以前に、難民に、より高い料金を課したり、特別な書類の提出を求めるので、利用は限られる。ナイロビでは、警察の嫌がらせや金の強要が、教育、医療、法的扶助のサービスを利用する上で、都市難民への障害となっている(6)。現場への十分な周知と理解が図られず、書類だけ見せられたのでは、現場の医療従事者に適切な医療行為をするよう求めるのは無理かもしれない。南アフリカでは、書類を受け付けなかったり、サービスへの移民の権利を認めない看護士によって、追い払われている(7)、との報告がある。

医療と教育サービスを利用すれば、難民個人の月収入を超え、地域社会や雇用主への借金となり、財政的な負担になる。難民の都市流入にもかかわらず、教育援助の計画はなく、一般にUNHCRが農村定住地で建てる小学校を別にすれば、他に教育機関はない。多くの学校は、年齢がクラス平均より二〜三年以上超えると、受け入れようとしない。通学するには、高い学費、長い通学時間、物理的に危険な乗り物を利用しなければならない。学校では、子供や親が望まない文化価値を教えられたり、受け入れ国の言語とカリキュラムに違和感があれば、通学しないことになる(8)。

移動には重圧があるが、もし公的手続きを通じて、さらに移動を続けようとするなら、難民は大使館員、NGOといった〝庇護の門番〟という複雑な世界と交渉せねばならない。難民が直面する問題をさらに具体的に知るために、以下、三つの都市の状況を概略する。

【事例1　カイロとハルツーム】(9)

カイロのスーダン人、エリトリア人、コンゴ人の難民は、一般エジプト人と同様に、日常的に治安機関から嫌がらせを受けている。難民は法的地位で、明らかに市民からは区別される。彼らの立場ではサービスは受けられず、滞在は国からの恩恵である。彼らは外国人であり、政府の意図は、管理し、封じ込め、国民から隔離することである。

カイロでは、農村から都市への人々の移動のために、急速に都市域が拡大している。エジプト政府は、違法な住居建築の不許可、スラムの一掃などを通じて、これらを管理しようとしてきた。難民は、貧困、不満、危険と不安の中で生きている。衝撃と失望が広がっている。多くの難民はカイロで経済的な困難に直面している。彼らが期待したのは、生活費は安く、仕事の機会が沢山あり、ＵＮＨＣＲその他から援助が得られることであった。

他方難民の母国のハルツームでは、国内の飢饉や戦火で人口が膨れ上がった。政府は物乞いを禁じ、避難民の居住地を撤去し、人々を遠隔地へと移動させた。カイロとハルツームという二つの都市は、首都への移動が安全であり、かつ、サービスの受給の機会を与えると考えられた。

ハルツームでもカイロでも、女性が外国人やエジプト人の家で家政婦の仕事を見つけて働くのはやさしい。多くの女性が極度に長時間働き、仕事場で生活することが求められている。仕事中、食事は与えられない。問題は、女性の側に、幼い子供の世話を年長の兄弟や夫に頼むことに、心配や罪悪感があることであった。父親は、母親がするようには子供の面倒を見ることができず、短期的には健康面、長期的には精神面で子供に影響が出る。男性は運転手として、朝六時半から夜中まで働く。帰宅するのは、午前一時か二時。疲れて何も食べられず甘い紅茶を飲むだけの人もいる。仕事をしている人が、しない人よりも栄養失調になる怖れがある。

【事例2　ニューデリー[10]】

インドは難民条約の加入国ではなく、庇護法もない中で、ビルマ（ミャンマー）や隣国ではない国から難民が来ている。インドは約二〇万人のチベット難民、スリランカ・タミール難民に特別政策で避難所を与え、直接、援助をしている。ニューデリーには、ビルマ、アフガニスタン、ソマリア、そして少数だが、コンゴ民主共和国、エリトリア、スーダン、イランその他からの難民二万四〇〇〇人が、都市難民・庇護申請者として滞在している（UNHCR、二〇一三年七月現在）。インドは、難民・庇護民に司法と医療、教育の利用を許している。各難民は、住居利用が限られる中で、家主による差別のために、住居確保が難しい。立ち退きに遭い、住居空間が狭いのは、ビルマ人とソマリア人の家族である。

ビルマ人とソマリア人は、近隣で、家主、職場、学校、地方政府から差別と嫌がらせを受けている。地元社会との関係は良くない。彼らはコミュニティ内の強い支援ネットワークで埋め合わせをしている。アフガニスタン人家族に対しては差別が少なく、コミュニティ連絡網も比較的規模が小さい。

アフガニスタン人の家長は失業率が高いが、職場の状況は良く、彼らの就く職種も多様である。貯蓄や送金も増えている。ただし、有効な労働ビザがなく、持てる技術も認定されない。ソマリア人の家長は失業率が高く、大半がNGO関係の仕事である。労働市場への参入機会は限られている。NGOは、自分たちが与える仕事の代わりに、小商いを始めるよう勧めている。ビルマ人は、家族内に比較的高い割合で所得の稼ぎ手がいる。しかし職種は限られ、職場で差別に遭い、仕事は不安定である。インド人商工会議所が、難民に小商いが始められるよう小額の補助金を出すことも必要と考えられている。NGOは、雇用主に職場状況の改善と難民の安全を図る仲介者になるよう求められている。

難民の中には高学歴の人がいるが、資格証明書が認められないので、仕事がない。近年、UNHCR登録の難民には長期ビザや労働許可書の申請が認められるようになり、改善の兆しが見えるが、UNHCRやNGOは、UNHCRが発行した難民証明書や外国での学歴証明書が認められるよう当局に働きかけるとともに、職業訓練や事業実施（服飾製造、編み物、宝石作り）を通じ、難民に自立を促している。UNHCRは難民に、三一五米ドルを助成して、小商いの起業を助けている。就業支援は、NGOとUNHCRが連携して、職業斡旋、家内生産を行なっている。今後は、自動車修理、IT機器や携帯電話の修理のような高い需要がある技術への職の配置を考え、難民子弟や若者、成人へのヒンディー語教育を行なうことが求められている。UNHCRの援助は、次第にアフガニスタン人からビルマ人に移ってきている。

国籍にかかわらず、子供は全員、無償で教育を与えられるが、難民側に収入不足、人種差別への危惧、安全への懸念があって、就学率は低く、中途で退学する割合が高い。ビルマ人の子弟は、ソマリア人、アフガニスタン人よりも全ての学年で登校率が低い。学校では特に、ビルマ人やソマリア人子弟が政府系の学校で差別や嫌がらせに遭っている。難民とインド人地域社会との合同の文化的催しを行ない、意思の疎通を図るとともに、難民主導の教育計画を支援する必要が出ている。都市では、教育は、社会統合や農村出身の人々（難民）の場合、経済的に太刀打ちできる技術を得る上で、特に決定的な役割を果たしている。

【事例3　バンコク】

タイは多くの難民・避難民に一定の保護を与える一方、彼らの生活は容易ではない。タイは約四八万人の難民・避難民を抱えるが、二〇〇六年には約一万人の新規流入者があった。大半はビルマ人で、彼らはタイ・ビルマ国境沿いの九つの難民キャンプに住んでいる。都市難民の出身国は、ラオス、ネパール、スリランカであるが、他はカンボジア、ベトナム、イラン、パレスチナ、コンゴ民主共和国から来ている。タイは比較的ビザの取得が容易で、庇護申請者は入国後、法的支援を求めている。

タイは、ビルマ人やラオス・モン族を（都市）難民と認めず、UNHCRが彼らへの難民認定手続きを行なうことを認めようとしない。タイは難民条約、同議定書の加入国ではなく、難民・避難民は常に逮捕・勾留の怖れがある。地元の自警団が警察に頼らず、タイ人とビルマ人の間に入って、移民との安全面の空白を埋めている。警察に頼ると、ビルマ人との問題を浮かび上がらせ、逆効果だと考えられている。都市難民には労働の権利がない。都市難民は他国への定住を待つ間、逮捕・勾留の怖れなしにバンコクに住むことを求めている[11]。

難民の中には職を得ている人（主にアジア人）もいるが、アフリカ出身の人々はほとんど不可能である。住居は過度に混雑し、多くの知らない男女が一つの部屋に住み、性に基づく危険が言われている。

都市難民の生活上の脆弱さを見る上で重要なのは、次の四点の安全[12]である。雇用、金融資産、住居、そして物理的安全である。まず、「雇用」から。都市難民の雇用は、受け皿となる都市で入手できる機会・資源次第である。公共部門は、競争が激しく、選別が厳しく、難民は民間部門で職を見つける機会が多い。雇用主の中には、難民を単に差別するか、雇用すると、その存在を目にして、外国人嫌いの客が立ち退くと考える人もいる[13]。

「金融資産」とは、必要物を適切に満たす十分な金融資源を持ち、家族の欲望を満たせるものを持つことである。この資産には、家族所有の資産、所得、そして貯金を持ち、信用貸しや銀行、保険の利用が可能なことが含まれる。口座を開けず、銀行や小口の金融機関が使えなければ、小商いが始められない。難民は、正規の証明書（国が発行する身分証明書、電気・水道代の領収書等、居住証明ができるもの）がないか、定まった住所がなく、銀行が難民に信用を与えられず、銀行を使えない。銀行は、難民が支払い前に国を離れるのを怖れるし、また長年の民族的、社会的伝統もあり、信用を与えることができない。国によっては、ＮＧＯが銀行に働きかけを行なっているところもある。[14] 公的な信用機能がないことで、難民は資金を他の場所から借りねばならない。彼らの共通の対処法は、自分たちの住むコミュニティから借りることである。しかし非公式の信用機能にも落とし穴がある。[15]

「住居」の安全は、形態と材質、立地場所、保有権の有無を含めた、居住自体の物理的な安全である。詳しくは次節で再度触れる。住居はまた、屋内で物を生産したり、余った部屋を貸したり、商いの商品などを保管する資産でもある。

「物理的安全」とは、家の中、近隣、そして広い都市の中で、物理的脅威がないことである。市民社会の段階では、国（警察、入管）による差別や嫌がらせ、賄賂の強要があり、難民が自由に動き回ったり、経済活動に従事するのを難しくする。嫌がらせは、政府や地元社会の側の反移民感情の形をとる。[16] 稼いだ金以上の高い賄賂を要求されたり、勾留されるのを怖れ、自営業を行なう気持ちを喪失させる。そうした雰囲気の中、難民は家にこもり、子供たちを学校に行かせなくなる。

安全という感情は、人が生活をどう追求するかに影響を与える。嫌がらせは、生活費用を増大させる。正規の書類を持たないために賄賂を払い、家主の差別のために高い家賃を払い、雇用主は足元を見て、低い労賃で難民を雇おうとする。脅威は、地域社会、警察、国・地方当局のような様々なところから来るが、難民の生活費用を高価なものにしている。もし人々が、犯罪から守られず、警察から十分な保護が得られず、司法制度が利用できなければ、危険の度合いは、一層困難だと切実に感じられてくる。

3　深刻な住居問題

都市難民は、住居を確保し、働き、必要なサービスを受け、生活し、自立せねばならない。受け入れ側の共通の問題は、適切な住居をいかに供給するかである。難民にとって、長期的な耐久住居の入手というのは、一般に確保することが遅れるので、難民の住居当たりの居住者密度は高くなり、それが慢性化する。家族は、経済的あるいは他の理由で、他人との住居の共有を余儀なくされると、不安を感じる。盗みや、子供、家族への性的虐待の怖れもある。

東欧では、雇用機会があり、西欧への移動が望め、社会サービスが得られるため、難民にとっては人気が高い。警察からの嫌がらせが頻発するが、難民の多くが首都に住みたがっている。ブルガリアには、トルコ国境からイラク人その他が入国している。住居問題が全ての国で最も大きな問題の一つとなっている(17)。

カイロのスーダン難民は、エジプト国民の居住区からは離れ、同じ建物を共有し、同じ店舗を使っている。高い家賃に耐え、コミュニティのつながりを維持するために、スーダン人の多くはカイロで住居を共有している。彼らは、外国人、外部者、難民として、様々な困難に直面し、エジプト人よりも高い家賃を払っている。

彼らは部屋をまた借りしたり、以前は面識のなかった家族と部屋を分け合っている。部屋のまた借りは、契約者当人からの搾取があり、また見知らぬ家族との共同生活は、前述のように、保健上の危険や盗み、物理的および性的暴力の危険性がある。

同胞が住む地区に住み、住居を共有し、確立した連絡網に頼ることは、危険から生活を守れない人には安全ネットとなり、家族・個人には情緒的な支援となり、利益もあるが、不利益もまたある。一人が八人もの食費の面倒を見たりして、負担は大きい。過密状態で生活すれば、衛生問題や結核等の伝染病の怖れもある。

行動範囲を限り、活動が不活発になることは以上のように健康に直接に影響する。いつも屋内にいれば、身体は弱体化し肥満化する。食べ物の質が劣れば、けだるさを感じ、どこに行くのも億劫になり、怠惰になる[18]。

世界の他地域でも、彼ら避難民は、大小の都市の最も貧しい地域に住んでいる。その場所は、しばしば都市の中心からは離れている。地方政府が名ばかりの管理をするだけで、公共サービスを欠き、状況は危機的である。弱体な経済の中で、都市貧民は一般に、犯罪、悪化する環境、高い失業率の中で生活している。

そうした居住地は、政府からの立ち退きに遭う。タイ北部のメーソートのビルマ難民は、材質の劣る家に住み、家賃が払えないか家主が滞在を望まないために、立ち退きを迫られている。タイの法律では難民は、土地、建物を持つことができない[19]。リベリアでは、首都モンロビア一帯のスラムの撤去は環境的、経済的な理由から避けられなかった。しかしスラムの住民には行くところがなかった[20]。スーダンのハルツームでは二〇〇三年〜二〇〇七年、少なくとも三〇万人が政府の開発目的で家が撤去され、ホームレスになった[21]。

ケニアのエルドレット（Eldoret）の都市避難民には、援助で住居を作る材料が与えられた。しかし多くの避難民は、コンクリート構造の建物に住んでいたので、品質の劣る材料の受け取りを喜ばなかった[22]。

スラム撤去などは、しばしば公衆衛生キャンペーン、インフラ改善、都市再生という言葉上の見せかけがある。アパルトヘイト時代の南アフリカのように、開発の分離と人種的な浄化が進めば、人々の国際移動を引き起こすかもしれない[23]。

フィリピンでは民間会社が、避難民のために低価格で、中規模のアパートを供給した。これは災害への興味ある復興モデルである(24)。

長期的には住宅問題を解決することだが、今ある社会で、避難民を受け入れる家族を支援する戦略が、緊急に必要とされている。その際大切なのは、受け入れ家族の〝接待・もてなしの文化〟を損なわないようにすることであろう。

4 頻繁な移動と登録

都市に住んでいるから、難民がＵＮＨＣＲ等の援助機関を訪れ、両者の相互接触が容易だということにはならない。彼らは都市全体に広がるスラムや居住地にいる。難民はしばしば、行動はスラム内に限られ、ＵＮＨＣＲ事務所からは遠く離れ、移動には時間も、お金もかかる。ＵＮＨＣＲを知らないこともある。障害や病気で、行けないこともある。

その一方で、都市では、対象となる人々がときに頻繁に移動し、接触が難しい。彼らの考え・感情は不安定で、立ち退きや発見されることを怖れて、都市の中で何度も住むところの移動を強いられている。自国へ戻ることが不可能か、望んでいない。

彼らの人数、基本的な必要物、どんな保護が必要かの問題はほとんどわかっていない。したがって、彼らの経験を理解することは難しくなってくる。彼らは嫌がらせ、勾留、追い立ての恐怖から隠れるという、特別の理由を持っている。

自身を難民と考える人は、しばしば難民としての自己認識に従って、受け入れ国での彼らの活動を考え、行動を抑制している。難民は、登録に際し、危険を感じたり、利益がなければ登録しようとしない。登録についてのもう一つのカギは、各種サービスの利用の問題がある。訓練、職業機会、小口の金融の利用のほか、基本的な必要物を満たすために、情報、安全ネットが、利用可能かどうかで判断する[25]。

彼らと接触するには様々な工夫が必要で、携帯電話、インターネットの使用が、地域組織による紹介、訪問といった従来のやり方を補っている。探し出し、登録し、書類を作るにはコミュニティ活動が必要である[26]。

5 〝ただ待つ〟ことは病気にする

都市難民が耐え忍ばねばならないことは、どこかへ行くために待つことである。しかし、待つことは彼らを体調不良・病気にする。心理的には、憂鬱、不安、不満、ホームシック、あるいはこれら全てが混合する。選択肢が現実にないことは、人に物理的、社会的に脆弱さを増すことになる[27]。便秘や嘔吐は、ストレスや鬱の感情とつながる。例えば、女性の多くが訴える痒みは、食物アレルギーと考えられるが[28]、空気の汚染かストレスのような他の要因により引き起こされているのかもしれない。

移動すると人々には、ある種の食料が失われ、代わりに他の食料の摂取が増える。避難後に食料消費の内容が変化することは、難民の健康に深刻な意味を持っている。カイロのスーダン難民は、ビタミンAと鉄分不足が広く認められ、栄養失調の割合が非常に高かった[29]。しかし食物選択の決定は必ずしも、入手可能性、購入の容易さ、栄養価値に基づいてはいなかった。アフリカの難民は、国境を越えて文化的類似性があり、疎外感を感じないという考え方の誤りは、一九八〇年代にすでに、アフリカ人研究者のカラダウィによって、明らかにされている[30]。

彼らスーダン難民の主な懸念事項は、食料を入手する困難さではなく、最も普通に問題とされるのは、食欲の喪失と食べる欲求が失われることであった。エジプトを短期滞在の地と考える彼らの主要な関心は、短期的に病気を避けることであり、食物選択という、長期的に身体に影響を及ぼす栄養上の問題を優先させていなかった。それは、先進国への定住後に考えることであった[31]。食欲を刺激するために、人々は伝統的な〝村の食べ物〟を準備し、社会的な集まりを組織していた。

収入不足は重要な懸念事項だが、それが常に中心的な関心事項ではない。それより、社会支援の喪失や、生活および労働状況の変化といった貧窮に結びつく他の事柄もまた、彼らには重要である。食欲と食べる欲求が、いかに難民心理と社会経済プロセスに関わりを持っているかは、重要なテーマである。

食欲と食べる欲求上での変化はまた、文化の喪失と社会構造上の変化と、習慣の変化を反映している。食料消費の習慣を新しく建て直すことは、避難後の適応に不可欠である。異文化の中での、食料摂取を通じた適応は、難民が置かれた社会文脈の中で評価されねばならない[32]。人々の選択肢の真の限界を見つめ、決定の背後にある多くの要因を理解しようと努力すること、そしてそれに基づく行動が、難民の物理的、精神的な健康問題に取り組む出発点であろう。

6　生きるための戦略・工夫

都市で、難民は、自分の創意・工夫で生きることを迫られる。到着するとすぐ、言語、気候、文化環境が異なり、不利益な状況にある。それら全てが彼らを心理的に緊張させ、危険にさらされやすくする。

しかし都市避難民は、様々な生存戦略をとって、活発に自らの避難状況に対応している。生存戦略は、彼らの生活目的を達成するために難民がとる諸活動の結合体である。どんな戦略をとるかの選択は、彼らの資産と、これらの資産が、政策や制度で制約を受ける程度で決められる。彼らは、都市で直面する課題に対し、自らの法的、社会経済的な地位を踏まえ、どのように生活資産を使い、生存戦略をとるかで多様性がある。

カイロのスーダン難民は、婚姻を通じて定住の地位を得ている。例えば、若いソマリア人女性は、難民キャンプでは入手できない外貨を、カイロのアメリカ人家族の子守りで稼ぎ、市民権の入手の可能性がある先進国にいる同胞の跡をたどろうとする(33)。

人的資本は、技術や知識、教育、健康である。他は個人・家族がその資産を活用できるか否かにある。家族資産の運用は、家長が人的資本の代表者となるが、しかしあまり家長に集中しすぎると、他の脆弱な人々、特に女性の役割が見落とされる危険性がある。性別は複雑な要因で、一般に女性が家長の家族は、経済的に不利益だとされるが、必ずしも正しくない(34)。

都市環境の中で、難民はかつて考えもしなかった新しい社会環境に入り、新しい技術や職種を求められ、経済活動に従事する。第三国に定住する希望を持つ難民は、先進国で生活する準備のために、英語クラスやコンピュータークラスに入る。様々な人々がいる都市では、語学能力は特に重要である。その土地で使用される国際語(英語、仏語、スペイン語、アラビア語)は、NGOや国際機関、大使館と接触し、今後の移動の交渉を進める上でも有用である。

社会資本は、コミュニティグループや組織に関わることで得られる。地元民と話をすれば、雇用や商いへの機会や能力向上につながり、難民は地元組織や彼ら地元住民の連絡網に参加できるようになる。個人・家族の大人の誰かが言葉を話せれば、安全性は増す。

アフリカをはじめ、途上国にいる高い学歴・職歴を持つか、教育を望む人にとっては、都市はサービス、雇用、安全があると見られている。都市で難民が直面させられる様々な危険にもかかわらず、生活を何とかやりくりする良い機会になると考えられている。

7　歪んだ戦略を強いられる難民もいる

生活資産を利用可能な難民は、肯定的な対処戦略（賃労働、食品販売、小商い、サービス提供）をとっている[35]。生活の資を稼ぐ機会が少ない難民の中には、否定的な対処戦略（売春、乞食、盗み）にいたる人もいる。紛争に関連する都市難民のうち、数は少ないが重要な集団は元兵士である。彼らは他の全ての人々の逃亡を引き起こしたことで非難されている。内戦に関わった元兵士の多くは、職業軍人ではなく、徴兵された若者である。彼らに紛争を起こした責任はなくとも、戦闘に伴い、虐殺を実行した主要な当事者である。

元兵士は、農民に戻って以前の生活を再び始めるのをしばしば拒否する。若い男性に小規模農業を勧めても一般に嫌がられ、農業での再出発はできない。元の社会で復帰が歓迎されないこともある。

周辺化された若者や無業者と同様に、元兵士は暴力文化と犯罪に引き寄せられやすい。犯罪的な生活は、彼らと家族や地域社会とのつながりを弱める。この問題は、難民が先進国に移動した場合にも見られる。彼らは、そうした国から送り返される。例えば、アメリカはサルバドル人、ホンジュラス人やグアテマラ人を国外に追放している。[36] 彼らは追放された地で、また暴力行為に関わる。

アメリカでの犯罪による送還者は、四分の一～三分の一で、サルバドル人のかなりの数にのぼる。サルバドル人の主な暴力集団がいるのはロサンゼルスだが、追放者のつながりで、同集団は中米全体に広がっている。追放者はほとんど全員、空港で出迎えられ、最小の一時援助を与えられる。そこからどこへ行くかの体系的な追跡調査はない。

なぜ暴力集団が、サルバドル人の多くの若者を引きつけるのか。彼らは国外追放されると、他の追放仲間以外に社会ネットワークも仕事もない。家族はいないか、暴力団の一員としての物理的な特徴（刺青、服装）から、家族内に受け入れられない。面倒を見、雇用してくれるのは、経済的に成功した暴力団の構成員で、彼らとはエルサルバドルやアメリカの刑務所で知り合っている。

今日の犯罪集団は、商人、サービス産業でのゆすり・恐喝で生活資金を得ているが、彼らは人口密度の高い、身を隠すのに有利な場所に住む。エルサルバドルとアメリカの間のつながりはおそらく、往来する暴力集団により強められている。

若い時期を暴力的に過ごした元兵士は、社会への再統合が難しい。受け入れ国の弱い経済の中で、若者はときに暴力的傾向を強め、大きな懸念事項である。アフリカの諸都市は、経済見込みがとりわけ不透明で、武装した元兵士の暴力に苦しめられている。紛争は、沢山の武器と暴力への道を残した。

8　絆の社会ネットワーク

難民にとっては、移動してきた距離が遠いほど、食料、住居、さらには交流という基本的な事柄の取得を難しくする。難民は大略、次の四つから支援を受けている。家族、難民社会、受け入れ国政府、そしてＮＧＯである。その際、必要物を入手する方法の一つは、とりわけ同胞への依存である。同胞へのつながりは、かろうじて機能する場合も多いが、救いのない新着者に情報を与える役割を果たしている。頻繁な移動が原因となって、仕事を見つける個人的な連絡網や学校の利用、その他の社会サービスの基となる、社会資本の樹立を遅らせることになる。

都市での滞在期間の長さは、難民個人や家族の資産のいくつかを強める働きがある。長くなればなるほど、社会ネットワークは広がり、固定され、地元の事情に明るくなり、語学能力が上達し、資産は蓄積される。これらの利点は、公式、非公式に難民を守ることに役立つ。権利が侵害されたり、人の助けが必要なとき、適宜当局や救援団体から助けを求める伝手が得られるかもしれない。地中海のマルタでは、難民は長期間、特定の場所に住むことを強いられると、仲間同士で緊密な絆を作り上げた。絆ができあがると、再度彼らに動くよう強いるのは非人間的なことになった(37)。

絆となる社会ネットワークは、カギとなる次の三つの分野で資源を与えている(38)。①情報と物資の供給、②自信を与える情緒的助け、③能力を開発し作る資源となる、である。ネットワークから生まれる価値は時の経過で変化し、物質的なものから情緒的なものへ力点が移っていく。

都市の難民たちは、都市という逆境の下で努力して空間を作り出し、好ましくない受け入れ国の政策に単に反応するだけではなく、活発な生活を求めて創造的に関わり、社会ネットワークの動員を通じて、国境を越えたつながりを作り出している。都市難民はまた、情報、送金を通じた金融、文化活動の世界的な流れに参加している。今や地理的に最も離れた難民キャンプにいる難民でさえ、インターネットを利用して世界とつながっている。

社会ネットワークには、二つの形がある。[39] ①特定地域に限られたネットワーク――家族・友人、同民族、あるいは同国籍者が利用する。利用期間は、到着前と後、そして滞在中である。出発前に特定の都市の誰かを知ることができるかどうかは、最終目的地の選択に影響を与える。ネットワークは、住居、食料、その土地の事情、到着時の雇用機会の獲得を容易にする。②他国へのネットワーク――特に母国とのつながり。送金の授受で重要だが、次なる移動、または帰国の際にも重要となる。

国境を越えたネットワークは、敵意ある都市環境の中で、生存を支える人々とつながりを持たせ、新着の難民に役立っている。難民は社会資本の仲立ちで、都市、国の間で、血縁、近隣、村に基づく連絡網を利用している。都市と難民キャンプ、出身地とのつながりは、難民に情報、食料、住居を与える。

しかしときには、同胞の絆という資源が全ての面で肯定的というわけでもない。例えば同胞が言葉を通訳してくれたり、文化の仲介をはかってくれても、内容に関して秘密や公平性を守る意思が欠けていれば、明らかに問題となる。あるいは、政治党派間に争いがあるところでは、自身の民族集団と混じり合っても楽しくない。

社会的な絆が同民族の中で、必ず最良の形で形成されるという仮定には疑問が残る。一般には、同民族は緊密な連絡をとるのが最もありえる一方、常にというわけではない。著者は日本でインドシナ難民とビルマ難民の定住を調べたことがあるが、政治思想が互いに異なれば、組織が異なり、場合によっては反目し合い、決して一枚岩ではなかった。

社会資本である社会支援ネットワークを持つことは、生活の安全を確保し、緊急時や投資目的の資金を得ることにつながる。嫌がらせからも守られる。移民である難民にとって、到着時に助けてくれる人を知ることは助けになるが、都市社会への統合の程度が進めば、脆弱さは減少する。社会資本であるネットワークは、地域社会で人が安全と感じるのを助け、安全と感じれば、近隣で生活を送ることができ、社会資本は一層増加する。

9　当面の課題

都市避難民は公的には、地元社会や容易にそれとわかる地域から大きく離れることはない。彼らは都市を横断して分散し、彼らと経済移民や都市貧民との区別を難しくしている。加えて、安全が脅かされるとき、姿を現わさない。

受け入れ国政府は、都市区域に難民がいることを合法化すれば得られる、潜在的な利益を認識できていない。例えば歴代のスーダン政府は、キャンプ外に住むエリトリア難民の存在を認めず、彼らに商業活動の許可を与えてこなかった。一九八〇年代、同国には国家経済の障害の一つに運輸の問題があった。政府はエリトリア難民にトラック輸送を許可したが、短時日のうちに、多くのエリトリア難民に所属するトラック、トレーラーが現われた。所有者は、貯蓄した資金を投資するために、湾岸諸国、欧州、北アメリカから戻ったエリトリア難民であった。事業は関係の難民に収入を得させただけでなく、スーダンにも国外から投資があり、利益となった。しかし、この寛大な政策も長くは続かなかった。主な理由の一つは、難民がもたらすかもしれない国家の安全保障への脅威という根拠のない怖れのために、続く政府が、都市内で商業活動をする難民の権利を制限したためである。[40]

難民は、消費者として、そして小商いの場合には、他者に仕事の機会と収入を作り出す人として、地元経済に積極的な貢献をする可能性がある。これは、特に地元企業家が、難民の小企業への参入を脅威と感じている場合には重要である。地元の企業社会の雇用主には、難民の労働権についての意識改革が必要となっている。[41]

援助機関は、難民が従事する小規模企業や家内工業に焦点を絞って活動を支援することができる。援助機関と銀行は、難民の性格・状況を把握して、保証可能なローンの種類を設定するのに、協力して働くことができる。銀行等の金融機関の職員を訓練して、難民証明書や難民の法的権利について知らせ、銀行口座を開設する権利があることを知らせる必要がある。銀行がないところでは、援助機関は携帯電話による金銭の転送を行なえるようにすることもできる。携帯電話での預金と送金は、金銭の授受を安い価格で可能にする。[42]

都市での機会を十分に利用できない人々、例えば片親か親のいない子供、高齢者、虚弱体質者がいる。都市での援助計画はそれゆえ、十分に援助受給が困難な上記の人々に、人道援助を与えることで補完されるべきであろう。そうした計画は、キャンプや定住地を含め、地理的に明確に設定されることが必要である。

UNHCRとNGOは、一九九〇年代末から様々な形の生活支援計画を実施してきたが、[43]都市難民に継続的に物質援助を与える必要がない場合には、現地事情に合った新生活用のパッケージを開発するよう求められている。現金援助か助成金貸与の形で、一時的な社会安全ネットの可能性を探ることもできる。

キャンプに住まない都市の強制移動民に接触することは、研究者にも実務家にも、主要な課題となっている。研究者はこれまで、簡単に難民と接触できるキャンプでの活動に力点を置きがちであった。

10　調査と介入

都市難民との接触の困難さは、まず遠隔地、悪路、隠れた人々といった物理的な面や、彼らとの信頼、安全が欠けているところから来ている。安全の問題、時間的制約、接触の容易さが、対象となる人々との接触を難しくしている。

人々はしばしば動き回り、複雑な移動パターンを行なう。都市到着前の場所は一時滞在地であり、元々の目的場所ではない。どの難民社会においても、彼らなりの対人規範があり、また就業時間や生活状況のために、接触の難しい人・集団がある。不信感を持つ人はインタビューに同意しない。女性の場合は、特に難しい。

多くの人が狭い空間に一緒に住むので、他者からの妨害なしに、特定の個人と話すことは難しい。特に女性へのインタビューの際、親戚や隣人がいれば話したいことも限られる。難民は、意識的無意識的に、調査者に真の意見を話すのをためらったり、怖れたりする。あるいは、彼らの特定の苦難について、彼らなりの見方を伝えたいと思うかもしれない。これらの反応は、彼らの生存戦略の一部でありえる。難民は話せば、彼らの地域社会内での地位を危うくする何かを調査者には話そうとしない。彼らの重大関心ではないことを話す。

彼らとの接触に使われる方法は、「雪ダルマ式サンプル法」である。これには、二つの問題点がある。一つは、方法論上の問題点、二つ目は、倫理上の問題点である。まず、方法論上では、この方法は注意深く行なわないと、偏ったサンプルを生み出す高い危険性がある。選ばれた人々は、ある種同じ傾向になる。同じ宗教、あるいはNGOの援助の受給者になり、それ以外の人を排除する。

倫理的には、同じネットワークや同じ集団内の人々に対する批判の情報になるかもしれない。政治、宗教や個人の友好関係のような微妙な情報は、集団内での問題を生じる。富の程度や諸々の機会の使い方は、回答者の互いの関係へ否定的に影響しうる。一つの集団への提案は、サンプルに含まれない他の難民には害になるかもしれない。

現地でフィールドワークを行なって〝基礎となる事実〟が得られたと主張しても、方法が正当だったということにはならない。フィールドでの経験は、決して方法に対する保証ではない。

雪ダルマ式サンプル法は、偏りと同じ傾向の人々の連絡効果になる問題はあるが、人数的に小規模で、隠れている人々を見つけ出すためには唯一の道である。偏りを避け、適切なサンプル採取になるように、最初の時点で、できるだけ無差別法で選び出すことである(44)。この方法は、小規模で目的を持ったサンプル調査なので、事実からの推定はできない。しかし関心のある事柄、もしくは説明のつかない事実の発見には有用である。方法は、詳細で機微な情報を得るのに使われるが、それのみでは不十分で、より広範な人々との比較が必要になる。科学的かつ倫理的に収集されたデータは、政策担当者にも強力な武器となる。

調査者が地域社会に入ることで、調査者には、害を与えない存在でいることの難しさと、倫理上のジレンマが生じる。調査者が難民の生存戦略に組み込まれ、調査用の車を商売用の商品を運ぶのに使ったり、金品を渡したり、貸したりすることである。生活に助言したり権利についての情報を与えるかもしれない。問題は、難民に力を貸した後、そこから、どう抜け出すかである。調査者が、それとなく不法行為を見逃したり、反政府活動への暗黙の是認は、倫理上の問題を生む。その一方、ある種の活動に反対したら、その後は、調査者の目からは隠され、見えなくなる。

調査者の存在で、情報提供者の行動や反応が影響され、それにより発見物が変容する。調査は相手に影響を与え、それは介在の程度で大きく変化する。情報提供者が貧しく無力なとき、方法上の問題は倫理上の問題に変化する。[45]

介入の目的が明確になるために、調査には、分類と立証の過程が重要である。[46]その際、認めておかねばならないのは、①都市に入る人々は実際上、他の動機の人々と区別ができず、そうした性質の事柄として扱われていることである。経験から言えば、動機の違いやその他の違いよりも、類似性の方が多い。人道機関の対象となる人々を法的に描き出すことができていない。②従来の人道的な思考を悩ましているのは、避難と固有につながるニーズを区別することの難しさである。避難民には、他の移民と違い、トラウマと強制的な移動に伴う負担・不利益が言われるが、因果関係はしばしば、証拠よりも信念に基づいている。そして、③最も根本的なことは、都市での人道介入の効果を確かめることの難しさである。

以上のことから、もし都市での難民の調査と問題点の論議が、出された政策の個々の項目や、難民その他の移民の結果の想定に集中するならば、今後も物資配布上での矛盾を生み、対策は批判を招き、保護上でのギャップが注目を浴び、見落としが起こる怖れがあるかもしれない。

第5章　都市の成長と危機移動

——地方自治体と国際人道援助——

1　はじめに

世界の人口の半分以上が現在、都市に住み、都市人口は成長し続けている。対する農村人口は減り続けている。その結果、将来の人口成長は、都市区域で起こると考えられる。世界の都市人口の八〇％は、二〇三〇年までに途上国にいると予測されている（国連経済社会理事会 ECOSOC, 二〇〇八年）。しかしそうした都市の成長は急激で、無計画で、人々は移動性が高い。

その途上国の都市人口の中で、「危機移民」（危機移動民ともいう）とも言われる、都市への避難民の数はかなりの割合を占める。危機移民には様々な種類があるが、最も著名なのは紛争や暴力、開発プロジェクト、そして気候変動と災害を含む環境関連の諸要因によって避難させられた人々である。脆弱で、政治的に避難させられたこうした人々が都市で一緒になる。スーダン・ハルツームで都市人口の二一%、コートジボアール・アビジャンで九%、コロンビアのサンタ・マルタで一五%を占める。アビジャンでは、避難民ではない家族の約八%が避難民を受け入れ、サンタ・マルタでは同じく二~三%の家族が受け入れている[1]。都市での避難民受け入れにこうした家族は、重要な役割を果たしている。

世界の避難民キャンプの大半は、都市の外れにあり、急速に社会的、経済的に都市へ統合されている。農村での従来型の難民キャンプでは、居住状態が均質という性格であったが、都市では、彼らの社会とその周辺部は非常に広く、住居が密集して立てられ、絶え間ない変化の状態にある。避難民の多くは、等しく都市移民か、無断居住者に分類されている。

都市は年五~一〇%の割合で急速に成長し、行政の規制がなく、各種サービスも行き届かない。そのような都市区域は危険性が高い場所である。資源への需要が高まっているため、都市環境への負荷は大きく、土地が不足し、住居やインフラ供給が追いついていない。主に、サハラ以南のアフリカや東南アジアで、一〇億人以上の都市住民がスラムや非公式の〝自主的な〟居住をしている。途上世界の都市難民は、はるかに脆弱である[2]。

こうした急激な都市化で災害の危険が高まり、管理の貧弱な都市化、つまり行政的な統治が適切さを欠けば、人道危機を引き起こすことさえある。事実、途上世界の中小規模の都市は、統治、財政が十分ではなく、これらの危機に陥りやすい。インフラへの投資は限られ、加えて国外の人道援助関係者と協働した経験が少ないことがその理由となっている。

世界の避難民の半分以上が難民キャンプの外に住み、彼らは自分たちが必要とする人道援助で十分に支えられていないことから、一九九〇年代以降、UNHCRやその他の人道機関は、避難民の生活支援（自立）の必要性を認めてきた。巨大な国際NGOもUNHCRも今や、農村と都市の双方で生活支援を進めている。

これまで数十年、人道政策の立案者と実務者は、主に農村での緊急事態と災害に目を向けてきた。しかし都市区域にはすでに難民が存在し、そこでは益々、人道的なニーズが満たされるべきだという認識がある。人道援助者とその組織は益々、南の国々の都市に注意を向け、都市政策を進めている。

災害や人道上の危機は、災禍という事態のせいばかりではなく、脆弱さがさらに悪化させられることにより、都市貧民や避難民に追加的な影響を持っている。[3]各都市社会はそれぞれにかなり異なり、農村地域と比べ、かなり多様である。都市スラムや貧民街のいくつかは安定した社会だが、他は人々の無秩序のかたまりである。

都市での難民は、孤立的に扱うことはできず、都市貧民という広い文脈の中で、対応する必要がある。コミュニティを基盤とし、下からの動きに、どのように援助側が支援できるかである。都市の成長と、危機で移動した避難民の間には、都市での危機移民の急激な増大を考慮に入れた政策対応が緊急に必要な課題となっている。

2　地方自治体の責任と役割

都市難民や避難民についての政策課題は、彼らの保護に関連した問題と複雑につながっている。既述のように、難民居住地（あるいは難民キャンプ）は、国際社会が救援と保護を与える人道空間として機能することが望まれている。しかしこの場所は特に、弱体国家内にあるとき、民兵のような武装勢力の襲撃といった外部からの脅威に必ずしも保護を与えることができない。また性的暴力、嫌がらせ、汚職のような内的脅威にさらされ、適切な保護を与えることに失敗している。この場所から、人々は離れて都市へと移動する。

一方、避難民の流入を受けて、都市当局が出す短期的な結論は、一定の都市環境の中で、外国人と地元住民の分離になる。難民を空間的に隔離すれば、難民状況が長期化しても、受け入れ社会への難民の統合を妨げることが可能な重要な手段と見られている。

大量の難民および他の移民の都市流入に際し、自国民の保護と自分たちの国境や理念を守ることが国家の責任であることは理解できる。難民という「他者の存在」への怖れは、都市政策の論議の中で中心部分を占める。私たちは、誰を何を怖れるのか。怖れは、安全、衛生、秩序といった言説を通じて現われる。都市が、重大な変化を遂げ、政治的な言説が生み出されるとき、怖れは政治的に強められる。難民居住地が、物理的に無視され、社会的、衛生上の混乱を生む特定の空間として言われるとき、事態は人種化に結びつく(4)。都市という場での怖れ、不安の存在は、社会現実の単純な反映ではなく、むしろそれ自体、現実を生み出す仕組みである。

しかしこの戦略は、難民が都市区域に居住したら合わなくなる。時の経過で、この分離は維持できなくなる。通婚、地元住民と移民を誘い込む企業、宗教組織と施設、新しい考えと表現法の創造・発散が全ての人に及び、変化の力を持つ。

多くの難民・避難民は特に滞留状況の下では、帰還が不可能かあるいは望まず、今ある都市への統合を望む。他の人々は、帰還すると安全が保証されず、物質状況も悪化するため、都市に留まろうとする。タイの都市難民の多くにとっては、唯一の解決策は、第三国への定住である。タイは、難民に国内での統合を許可せず、政府はこの政策を変えようとしない。定住機会の獲得には長い期間を要するが、タイでの多くの難民は、法的に忘れられた中で、都市で何年も暮らしている(5)。彼らの福祉面での地方自治体（以下、自治体）の役目は重大である。

国際社会の側にも、都市の状況への理解と知識に限界が指摘されている[6]。第一は、国、自治体、コミュニティと民間部門の接触が相互に非常に限られ、難民の潜在能力に否定的な影響となる、供給主体のアプローチであること。第二に、都市周辺という区域を含まず、大きな自主定住地に登録制度を合わせ、かなりの人数が抜け落ちていること、である。このやり方は、不完全で不正確な情報入手につながる。ハイチでの災害救援の場合のように、支援物資の配布が中心となって、人々の帰還を阻害している。第三に、衛星写真のような本来、資料の一部でしかないものに過剰に依存する傾向がある。第四に、意味のある対話をコミュニティの人々と交わすことなく、ハイチでの事例のように、限定された社会・経済要因の詳細な被害調査が行なわれ、実際の事業では調整活動が不足していることが、言われている。

途上国では一般に、第一次庇護国として、国際難民制度の基準に合った統合への道を提供するのは困難かもしれない。コロンビアでもエルサルバドルでも、大、中規模の自治体は、自分たちで対処できない犯罪と薬物売買に直面している[7]。自治体行政は、その最前線にいる。彼らは国家や国際機関の強い支援と、開発機関の広範囲の関与を求めている。これらの問題への解決は、包括的な取り組みでのみ、成功しうる。

解決への一つの道筋として、開発機関との連携が言われる。近代化した農業は、農村地域を再活性化し、人々が留まったり、戻るようにすることができる。しかしその過程は、複雑で、費用がかかる。紛争で破壊された物の修復、土地や財産の所有の争い事の解決、災害や環境の悪化に注意を払わねばならない。中小規模の商業、農業への投資を進める必要があるが、それには国家制度と市民組織で、責任を持つ地方自治体を支えねばならない。

定住への明確な戦略なしに、都市の周辺に難民居住地を作ることは、無秩序でまとまりを欠く街並みを作ることになる。移転が長期的な解決策であり、都市計画の規則とも合致する一方、新しい住居が建てられるのを待つ間、緊急の解決策が必要となる。いくつかの事例では、自治体と避難民の間で書面が交わされ、恒久的な住居が得られたら、現在の場所を明け渡すことになっている(8)。

複雑な都市環境では、従来のキャンプ中心の援助とは異なった対応が必要となる。キャンプ内に住む人々は非常によく目に見えるし、対象化するのが容易だが、都市の難民・避難民は、都市貧民のような他の貧しい人々と一緒に住んでいる。例えばイラク難民は、大きな都市人口の中に、地理的区域を越えて散在している(9)。彼ら避難民への援助戦略は、他の膨大な都市貧民を考慮に入れねばならなくなる。

都市は、人口の自然増と移民の流入で混雑している。都市区域での避難民についての事業では、彼らが長いこと世界の諸都市にいたにもかかわらず、その政策が現実に、どのようにしたら良く、あるいは悪く作られるかについて、ほとんどわかっていない(10)。政策による影響、効果、そしておそらく最も大事なことは、何が良い都市難民政策を作るかである。

自治体は、政府と地元住民の間に立って、最も直接に避難民と接触する。コロンビアでは、司法制度で憲法裁判所が、国内避難民の権利を尊重し、市民社会の関与を支持している。しかし、首都ボゴタで決められた政策と地方自治体で実施されたものの間には、明らかな違いがある(11)。

都市周辺の難民居住地やスラムといったミクロ段階の自治体の政策と、マクロ段階の国の政策が、どのように相互作用するかを理解することである。政策は、これらの多層にわたる問題を反映して立案される。地方自治体の役割は、絶対的に重要である。

自治体の行政管理は、最も貧しい地域で資金不足になる。難民が地元住民と同じ費用で、医療、教育などの社会サービスを受けられるよう、自治体を励まし支援することが必要になる。都市が、人々を吸収し、統合する能力を強めることは、彼らの生活状況を改善し、同時に環境の劣化部分に対応することである。そのためには、自治体は技術的に準備があり、事前に対応でき、資金を使えることが必要になっている。

中央政府と国際援助の資金を直接に自治体に流すという強い主張がある一方、そうすることには多くの点で困難さがある[12]。受益者は、しばしば多民族で、多様なので、都市という環境の中で、彼らを把握して参加可能にすることは、困難である。加えて、改革に対して最も強く反対するのは中央政府である。予算権限を地方の指導者に預けてしまうことに抵抗するのは、自分たちの権威への挑戦と感じるからである。中央政府の官吏は、地方官吏は資金を私的な蓄財に使ったり、軍事指導者、犯罪者、特定の民族集団を支援して、資金を流用・誤用すると言う。地方の財政力強化の措置は、決して最弱者には届かないと言う。このことから言えるのは、受益者は実際の過程に関与する必要があり、過程には汚職がないことが必要になる。

地方分権化で、自治体は益々、基礎医療、住居、警察、経済開発に責任を持ち始めている。重要な計画には避難民が含まれるべきだが、排除されれば、彼らは社会的に孤立してしまう。難民保護の視点から、ＵＮＨＣＲは計画の効率性を監視し、地元のＮＧＯと双方向で緊密に協力すべきであろう。ＮＧＯが自力で地域で解決できない問題があれば、ＵＮＨＣＲに相談できるかもしれない[13]。

政府や自治体は、避難民の生活や居住に法的責任が明らかにある一方、予算、垂直と水平の協力や住民参加などの点で、分権化の機能的な意味をもっと注意深く考える必要がある。現在、取り決めが多くの分野にわたるため制約として存在し、自治体に新着者を無視したり、排除する契機になっている。この考え・やり方は再検討されるべきである。

国と地方の指導者が、現在および未来の人口増大に対処すべく、仕組みを考え、適応を強めることの緊急性を認識することである。大事なのは、農村と都市の開発を調整する開発モデルである。最良の方法は、中央政府に支援された地域で、効果的な統治を実現することである。難民援助機関は、開発関係者の経験を学びながら、もはや中央政府や省庁と事業を進めるだけではなく、市長や自治体、警察、そして最も大事なことは、避難民代表や住民代表と関係を維持することが必要となっている。私たちは、多様性と移動の時代に、自治体の計画と役割を考える必要がある。

3　多様な対象者と援助

難民集団は、経済活動、果たす社会的機能や生活様式の点で、多様である。援助するには、経済活動への適切な介入を計画せねばならないし、実施上での複雑さがある。これまで発表されてきた研究の多くは、文献調査、難民へのインタビューと意見交換、観察から導き出された「合成画」(14)である。注意すべき点は、難民が置かれた状況、特に政治環境、そして地域での労働機会への理解である。その上で、個人、グループ、コミュニティが発展させた肯定的な対処戦略を捉える必要がある。

与えられた都市区域の中で、沢山の国籍・民族集団が近接して居住することは、新しいアイデンティティや協力・友好関係、そして社会組織の形を作り出す可能性がある。多様で異質な人々は、都市で多様な社会・地理的な出自からの活動を行ない、自分たちの価値や慣行を同時に組み入れた、新しい社会組織の形を生み出す可能性がある。避難民には、資源を失う連鎖的な変動があったが、資源を入手する連鎖もある。資源を結集すれば、資源は資源を生むことができる。難民の生活の脆弱性の障害や分野を見出し、難民個人、その集団やコミュニティで開発された、肯定的な対処戦略を見出すことである。

都市での主要な問題は、同じ地域社会に住み、援助を受けない地元住民からの（予測される）憤りに対応することである。避難民を特定の被援助集団として対象化するのは極めて問題である。隣人が避難民と同じように生活状態が悪い場合には、計画は、差別的に見られる。避難民は、他の都市貧民より、立ち退き・追い立てに遭う傾向があり、地元住民より一般に貧しく、大きな不利益を持ち、危険を経験しているが、彼ら避難民への特別待遇を正当化するのは困難である。援助はときには、全員に必要で、全員が保護の対象だからである。

援助機関はまた、受け入れ国政府、地元住民、ドナーに対し、なぜ一つの集団に資源を使用し、他の集団にはそうしないのかを説明する必要がある。対象となる集団が、とりわけ脆弱で、他の集団が直面していない特別のニーズを持つなら、資源の配布は容易に正当化できる。

避難民の特定の問題とは例えば、特定の差別、財産の喪失、身分証明書の発給、家族の追跡調査、トラウマ・カウンセリング、その他避難から生じる問題であり、援助を行なう際には対象を絞る必要がある。その際、避難民は実際に他の都市貧民を排除する正当で、明確な理由を持っているかどうかによる。受け入れ国が自国民用に配布する補給食（ミルクなど）のようなものから難民が除外される場合には、難民用の特別計画を立てる必要がある。

複雑な都市環境の中では、人道機関が都市貧民とともに強制移動民の必要物に応えるため、開発機関と共に働く、統合的な対応が求められる。避難民は市中に広く分散しているため、地理的に目標を絞るのは難しい。

繰り返せば、都市の再活性化と生活改善計画は、一般に開発機関の役割であるが、実施にあたっては参加型手法で、地元当局、市民社会、そして対象となる人々を含んでいる。計画は、開発活動を助ける永続的な介入である。もし目標設定が必要なら、避難民の集団として目標を絞るのではなく、むしろ避難民に特有の必要物か、最も援助が必要な避難民を含む、最も脆弱な住民集団に焦点を合わせる必要があろう。

彼らが当局に所在を知られたくない場合、目標設定の一つの可能な方法は、参加するかどうかを自分で決めることで、解決ができるかもしれない。[15]

計画実施にあたっては、避難民は地元社会への統合に向けて、どう働くべきかや、受け入れ社会による支援の方法や、彼ら自身の慣行や文化的催しを保つ方法を議論する。避難民の居住する地域で、生活計画の基礎として、権利の存在や職に就くことを擁護・推進することができる。自治体には、避難民が、生活機会や関連のサービスを利用できるよう働きかける。さらに民間部門や公的組織からの参加を促すようにする。[16]

権利や市民権は、すでに述べたように、あらゆるものの土台である。言葉と文化的知識は、生活の安全、安定を容易にするものであり、様々な形の社会資本は、避難民に社会的なつながりを与えるものである。最後に、雇用、住居、教育、医療の各要素は、双方向性を強める指標として表わすことができる。

4 移動と開発

近年、強制移動の経済的な次元が注目されるようになり、移動と開発の間の関係にかなりの関心が寄せられるようになってきた。一九九〇年代、持続可能な生活が、環境的な健全さの観点から定義され、開発政策の中で重要なテーマになった。持続可能な生活の枠組みがモデルとして現われた。〈農村 - 都市〉移動は、必ずしも都市に向かって一方向にのみ進むわけではなく、移動した人は、元の場所へ利益をもたらすことができる。商いをし、送金し、家族に教育を受けさせ、より安定した生活と農業生産性の向上を与える。これまでのところ、強制移動と開発課題の関係に直接関連した政策研究はないが、世界銀行が避難に関連した開発の問題で関心を示している。[17]

現在の開発計画には、農村と都市に分ける二分法があり、現実を無視し、不利益を生じている。開発計画の立案者は、農村の人々と都市移民が、商い、投資、そして家族や文化的つながりのために、往来する状況を十分に認識できていない。農産物を主に生産する小規模な都市での投資には、期待できそうな徴候があり、そうした場所で私的な投資を行なうのは現実的である。小規模の都市は、潜在的に農村生活と都市生活の分離を橋渡しできる見込みがある。これらの二次的な都市に投資が増えれば、経済機会、都市型の雇用、学校、保健施設は同様に拡大しうる。二次的な都市は、生活困難な大都市に留まりたくない人、村に帰りたくない人への魅力的な選択肢になるかもしれない。国の都市計画者にとっては、インフラを改良し、環境的に危険な場所に住む人々を移動させ、正規の職に就かせ、投資を高める機会を作り出せる。権限の分権化を進める中央政府は、それらの都市の金融、行政機能などの改善のため、予算の割り当てを行ない、都市を効率的に機能させることができるような機関に投資することができる。

5　都市開発と人道活動

都市への難民、避難民等の流入により、開発面で国内的、国際的に対応する大きな必要性が出てきた。状況は純粋に人道問題というより、開発問題として特徴づけられている。都市区域に避難民が大量に存在することは、経済、社会、行政に広範な影響を与える。強制移動民が巨大な数で都市に動くとき、インフラや環境に追加的な圧力を加え、雇用、住居、消費での今ある競争に加わる。住居は家族や友人が一緒に住み、混雑し、健康と福祉に否定的な影響を与える。

地理的な場所としての都市は、人道活動に新しい課題を出している。人口の集中と生活上の高密度は、紛争と災害を拡大させる。生き残りの方法もまた、農村と都市では違う。人道活動では明らかに、人々との接触という課題がある。多くの場合、援助機関が知ることができるのは、自ら援助を求めに来る人々だけであり、彼らにのみサービスを与えることができる。

政府やUNHCRの事務所に姿を見せる難民とは、援助の相談ができるが、最も脆弱な人々を含め、多くの難民は事務所に来ないか、その存在さえ知らない。これらの〝隠れた〟難民の中には、故意にUNHCRや他の援助機関との接触を避け、公的な認知を外れようとするか、単に難民として自分が見つけられないようにしている。不安定な法的地位のため、逮捕を怖れて動けない。他の人は、病気か家庭の事情で移動できず、また他の人は、事務所から遠いところに住んでいて、交通費が払えない。

都市という文脈の中で、「人道」の持つ意味は農村の文脈とは異なる。大半の人道組織は、その事業を伝統的に農村やキャンプに焦点を合わせてきた。都市文脈の中での人道活動は、著しく異なり、異なる課題の形をとる。都市避難民の人道活動を計画する際には、状況的および文脈的要因が考慮に入れられねばならない。計画は、与えられた状況の特殊性に従い、修正・適応させられねばならない。特定の都市と政府の政治的、経済的、社会的、開発上の特殊性が考慮されねばならない。そして、避難の原因が異なれば、異なる対応が必要になる。

彼らがどこにいて、どのような長所、短所があるかを知ることは、計画の最初である。彼らを見つけ出し、他の移民から区別し、彼らがとりわけ脆弱で、なぜ他の集団とは異なる援助が必要か、そしてどのように必要かを知ることは、計画上の重要な問題である。他方、都市に関しては、難民が到着する前の特徴、すなわち多様性の程度、人口動態、物理的なインフラの状況、そして地元住民が持つ価値や資源は、その後に地域社会で現われる行動の方向を考える上で重要な役割を果たすことになる。

得られたデータは、難民の持つ権利を認め促進するよう政府に求め、政治的な啓発・奨励の目的で使われることが必要である。データは、例えば難民企業家は地元社会の住民を雇用し、地元に職の機会を生み出すなど、難民が潜在的に経済に貢献することを示すために使われる。目的を持って集められたデータがあれば、政府は難民が直面している問題を否定しなくなる。

スーダン・ハルツームでは、避難民が様々な次元で、地元に統合されている。ハルツームでの人々の避難生活は平均一二年を数え、大半が地元住民の中に分散して居住している。同国が体系的に避難民を登録していないので、詳細は不明だが、状況は単に人道活動のみでは改善できない。政府による基本的な開発事業を、国際社会の支援を得ながら進める必要が出ている。(18)

人道機関は通常、一般人から分離された受益者のために働くことに慣れてきた。自治体との関係は薄く、開発機関との連携も乏しく、援助の対象となる人々との接触を保つことさえ難しかった。人道計画とプロジェクトは、都市に彼らがいるからという原因よりも、ニーズで定義され、与えられる必要が出てきている。(19)

援助は、雇用や教育といった個別的なものではなく、都市難民の全般的な生活状況と地元住民との相互作用を踏まえて、全体的に問題を考えることである。都市での援助計画は、定住や海外移住による利益、不利益との格差を狭め、また特定の難民集団への援助の過度の偏りを避けるようにする。

県や市の段階で、ＵＮＨＣＲは地方政府や企業と協働して、難民・庇護民への彼らの責任を果たすよう働きかけることができる。自治体の都市計画者と協働して、最も危険な場所にある定住地を廃止し、都市の拡大を認識し、予想する。危険な場所に住む人々に移転を含め、長期的な解決を図る。新しく高価な生計維持計画を考えるよりも、計画の推進者として十分に働きうる。ＵＮＨＣＲは、難民に他の難民たちや地元住民とのつながりをつけるのを助け、起業の助言、訓練、起業開発サービスを与えることで、統合を進める活動を支援することができる。

問題点の一つは、数多くの機関が開発計画に参加することの混乱と援助の重複である。責任官庁の分散や決定の遅延は、活動上の遅れを生み出す。協力賛同者を見出し、地方政府や民間組織との共同の場を作り出すことは、複雑だが、重要な仕事である。参加するのは、地方自治体、民間援助団体、国や地方の担当部局、市議会、宗教団体、コミュニティ組織、警察、研究者である。彼らの間の協力が、都市区域での活動のカギである。それぞれの団体の活動は通常、政府や人道活動とはあまり関係なく行なわれている。活動に際しては、これらの行為者の間で調整が行なわれねばならない。

恒久的な問題の解決は、都市化の過程と密接につながっている。開発機関の人々はしばしば誤って、避難の人々を〝一時的な現象〟と見て、主に人道問題だと考えている。ギャップで明らかなのは、開発機関の関係者は都市難民の影響について、あまり関心を払ってこなかった点である。[20] 避難と都市化のつながりが、開発関係者にはあまり理解されていない。その背景には開発は伝統的に、農村部に焦点を合わせられてきたことがあるかもしれない。

大半の人々は、最後は恒久的な都市住民になる可能性が高いので、彼らの存在は、都市計画、貧困削減戦略、スラム改善計画や他の地域開発計画の中で十分に考えられねばならない。補助金・救済の援助形態から、開発・

起業形態の援助への移行である。持続可能な生活が求められ、それが主要な要因であり、恒久的な解決の枠組みを構成する重要な要因である。

行政当局は、現地統合は結局、都市の成長に加え、帰還と再定住という他の二つの難民に対する伝統的な解決策と違い、都市の成長を管理したいなら、防ぐべきだと考えている。しかし都市避難民の自立と潜在能力が早期の段階で考慮に入れられるなら、彼らの力は資産であり、負担ではない。それゆえ、恒久的解決の問題は、都市化の肯定的および否定的な結果という、より大きな問題と結びついている。[21]

人道と開発の間の連絡の不都合が、この分野での進歩を妨げ続けている。事業は単に開発課題として概念化されるのではなく、人道問題としても概念化されるべきである。これら二つの活動の間には、今なお明確な隔たりがある。UNHCRとNGOは、事業内容を広め、公式、非公式に、自治体と関わる活動を強めることである。この作業は、かなりの柔軟性と適応、学習を必要とするかもしれない。

6　人道空間と人道行為者

国際人道機関にとって事業上の主要な問題は、都市での避難民への恒久的な解決を援助することである。しかし国際人道機関はこれまで、都市での救援事業に関与する資源を、人的にも財政的にも、十分に持たないできた。これは先進国ドナーの考えの反映でもある。都市に避難した人々への計画に要する経費は高く、彼ら避難民は都市に流入するために農村キャンプを離れたと考え、資金の拠出を尻込みしたからである。そのような状況下で、国際人道機関は期限を限ったプロジェクト活動を行ない、そのほとんど全部のケースで国際的な資金援助が終わると、事業は息切れしてしまった。他の場所での緊急事態が世界の注目を集めれば、人道機関への資金は、グローバル経済危機の結果、減少してしまう。

一方、受け入れた国での定住（庇護国定住。現地統合ともいう）は好ましい解決策として、都市避難民から、一般に表明されている。調査によれば、ハルツームでもモガジシュでも、約半数の避難民が都市に留まることを望んでいる。避難民の元の土地への再統合は、あまり成功していない。避難民は都市で教育を受けたが、帰っても農業以外の職はなく、また移動してハルツームへ戻ってくる。帰還は必ずしも、都市避難民への恒久的な解決策にはなっていない。アビジャンの場合だけが、大半の人々が元の場所へ戻ることを選んでいる。少なくとも都市から出ることを望んでいる。背景には、治安状況の好転と再統合の見通しの改善が、部分的に見られたことによる。[22]都市難民の統合は、まだ解明が進んでいない問題の一つで、強制移動研究の中では十分に研究されていないテーマである。

アビジャンの場合に限らず、政府の避難民政策の目的は、全ての避難民を元の場所へ戻すことである。しかし資金難や実施上の障害があって遅れている。問題はむしろ、今いる現地に定住させる開発計画であるべきである。

人道をめぐっては、二〇〇五年以降、改革が国際的に行なわれており、特に機関間の調整を改善することが意図され、国連諸機関間のクラスター・アプローチに見られるように、難民の保護の問題でいくつかの対応で進展が見られる。[23]しかし、機関の間では関心と政治意思が下降しており、改革をさらに進めるための大きな障害となっている。資金不足の克服と、国内、国際の人道機関および開発機関の活動が必要になっている。

さらに事業には、これまで参加してこなかった新規の団体が増え、人道事業での方策が増え、変化したことが、保護が減少したもう一つの原因である。ＮＧＯの国境なき医師団（ＭＳＦ）のような団体は、そうした調整は、人道的独立と中立性を犠牲にして起きていると批判している[24]。また、避難民の保護を重視する団体からは、避難と移住に関わるいくつかの機関、特に国際移住機関（ＩＯＭ）は、援助よりも保護に関わるべきだ（ヒューマン・ライツ・ウオッチ、二〇〇三年、アムネスティー・インターナショナル、二〇〇四年）、という意見がある。

保護と人道救援への対応をめぐっては、国際的な政策担当者により、接近手段の可否や安全保障の必要から行なわれる傾向がある。これは疑いもなく重要な考え方だが一方、避難民の自主性と保護・救援を利用する間の緊張関係を認識することが緊急に必要になっている。避難地で保護の空間を作り出すことは、個人が生活戦略を選択し、長期的に保護が継続して得られ、彼らの中での政治的な能力をどう助けるか、という道につながる。

人道行為者の活動は、農村と都市では異なる。歴史的に、避難民の必要物に応えてきた人道機関は、都市の外、特に小規模の地域社会やキャンプを現場として活動してきた。今や、都市での多様な社会組織と避難民の高度な移動性という性格を理解せねばならない。不安定で、犯罪が多発する貧窮した都市で、彼らを統合するという問題は気持ちを萎えさせる。

都市区域では、中央および地方政府と民間部門の組織が、敏速かつ効果的に、人道活動に関与することができる。市や町といった自治体は、社会的、制度的インフラを持っているという認識が必要である。伝統的な人道行為者である、国連とＮＧＯは、自分たちの対応を改善し適応させるだけでなく、従来の人道的対応の形態から抜け出さねばならない。

「人道空間」（humanitarian space）とは、自由にニーズを評価し、救援物資の配布とその使用を監視し、人々と対話する自由な空間である[25]。人道問題（もしくは強制移動問題）の研究は大半が、より効果的な対処法を発展させるために、国際機関（ＷＨＯ、ＷＦＰ、ＵＮＨＣＲ、ＮＧＯ）や政府に計画を改善するよう影響を与えようとして、避難民の行動様式、衝撃や問題を説明しようとする。論点は、公衆衛生、難民の法的保護のような技術領域であるが、本来それは最終目的ではない。他者の災禍への研究は、災禍が明確に対象とされ、軽減される場合にのみ、正当化されうる。

都市避難民の多くは、通常の国際保護が受けられる、都市空間に入ることに伴う難民・庇護申請者というラベルを避けることを意識的に求めている。これは強制移動民という彼らの保護利用への選択を狭め、彼らの自主性樹立が保護にどう組み込まれるかという考えとは逆行して、苦難な目に遭っている人を保護するという、国際社会の本来の義務に問題を投げかけている。

これに関連して、関係者の間では、コミュニティに基礎を置いた保護戦略に関心が高まっている。(26) 国際、国内の人道機関は、地域社会の住民と共に働くことができる。避難民の特別なニーズを認識し、これらの人々を支える仕組みを立て、同時にコミュニティの広範な人々の参加と当事者性を奨励することができる。援助機関ができることは限られており、難民への最強の力の源は結局、難民の住むコミュニティである。

7　人道援助とコミュニティでの生活

難民の生活は、国、市民社会、そして組織・制度を通じて全ての段階で制約されている。西側の先進国へ行くことができないという失望感は、繰り返し心理的な問題が現われる原因となる。スーダン難民は、カイロで生活と苦闘するうちに、初めは外国行きを望まなかった人でさえ益々、定住を唯一の解決策と見るようになる。しかし現実には、ほんのわずかな割合の人だけが定住資格に該当し、外国行きに成功している。(27) 人々の目的国はエジプトではなく、単に通過点である。しかし、定住への可能な道が全てなくなるまで数年かかり、長い間、出発への期待の中で、気持ちは宙ぶらりんのままである。

物理的な環境は紛争のために変化し、生き残った人も変化している。難民、国内避難民やその他の戦火被災民は、難民キャンプや避難民キャンプに逃げても、ときには劇的なほどの変化を生み、また自ら変化せざるを得ない。彼らはそこで、都市的な生活様式を経験する。農業手段は非常に限られ、教育、医療、訓練の機会が与えられる。かくして、亡命経験の結果として、以前の農民、特に若者は〝過去（の生活）に戻る〟ことは選ばず、農作業と農村生活を捨てる決心をする。あらゆる種類の戦火被災民は大都市に向かい、そこに留まる可能性がある。[28]

多様な国籍と民族出自からなる避難民の住む地元社会の中では、共通の目標を持つことは難しい仕事である。通常、難民コミュニティ（難民社会）が党派に分かれ、それぞれ他の難民社会にも分裂があり、決して一枚岩ではない。亡命政治の活動家、国外からの送金で生活できる人は、自立のための経済活動には乗り気ではなく、援助物資は必要ないかもしれない。

とはいえ、難民の中から支援グループを作り、資格を持った難民ボランティアが同胞に対し、保健、教育などで助言することはできる。難民コミュニティ内で伝達を図るため、女性の訪問指導員（Female Outreach Volunteers）がシリア・ダマスカスで活動している。[29]

個々の面談では、不平を誇張して話す人もいれば、逆に貧困の程度を認め話すのを戸惑ったり、生きるための不法か汚辱に満ちた活動のため、他人には話しづらいこともある。

避難という強制移動は、家族構造を乱し、家族内での個人の役割を変化させる。この理由から、援助（介入）は家族全員を対象とせねばならない。人間関係や社会統合で、家族が演じる役割を理解することは、対象を絞った効果的な政策になる。

難民は自身のコミュニティの資源を引き出すことで、障害となる要因を軽減している。子供を持つ女性たちが仕事に出るため、七人集まって、週の一日、無料で互いに子供の面倒を見ている場合もある。[30] 援助側は、社会安全ネット、すなわち助成金の形での現金援助を、障害者、病人、高齢者など、特に社会支援を持たない人々に与えている。

さらに、支援側にできることは、難民労働者への虐待や賃金未払いを監視するグループを作ることである。深刻な権利の侵害を追求する責任や権限を持つ、政府あるいは独立の機関を作るのを支援する。メディアによるキャンペーンは、コミュニティでの難民の存在理由を、広く国民にわかりやすく説明し、地元社会や自治体による差別や誤解を改善することができる。

援助にあたっては、どのような安全ネット（生活と福祉援助）と支援の仕組みが難民コミュニティ内にすでにあるのか、家族はどのようにコミュニティ支援の仕組みとつながっているのか、コミュニティ援助のネットワークは、地域的、民族的、家族でつながり、ある種の個人や集団はこれらの組織のサービスから排除されていないか、調べる必要がある。

地域には、教会・モスク、若者グループ、コミュニティ・センター、訓練所、政治組織、社会福祉グループ、食料配布センターなど、様々な組織がある。これらを使うことが可能である。難民自身の組織を通じた難民参加は、女性や若者の集まり、労働組合、各種の社会クラブのような地元の組織と提携することで達成される。建設的な意見交換と会合、活動支援で、前向きの提携を都市で難民と作り出すことができる。合同のコミュニティ活動といった場で、難民グループと地元社会が互いに理解を深めることができる。

新着の難民・避難民用の「地域情報センター」の設置は有用であろう。情報技術を駆使して、定期的にコミュニティにサービス、催し物、新しい法制、都市での難民・避難民に関わる人権情報を送ることができる。技術的に可能なら、電話のホットラインやウェブを開設する。都市での脆弱性に打ち勝ち、人々の状態把握にも使える。難民が都市に到着したとき、彼らの持つ技術を登録することで、使える技術を見出し、支援することができる。センターは、新着の難民がどこで生活用品やサービスが入手できるか、どこに行けばエイズの治療が受けられ、語学訓練がどこで受けられるかを知ることができる。[31]

地域情報センターと安全ハウスは、都市社会に隠れた人々を見つけ出す手段となる。しかし活動には資金が必要で、ドナーから支援が十分に得られないかもしれない。イラク難民への国際社会からの資金援助が減少し、必要物の配布は制限され、シリアやヨルダンでのコミュニティ・センターの運営は厳しくなった。[32]

この方法は、国や地方当局の側で、センターへの訪問者の身元や情報を守るという、強い保証措置が必要となる。もし難民が、匿名での利用ができず危険だと疑えば、訪問は避けてしまう。

都市難民は、身の安全、住居、基本的なサービス利用と生活支援をコミュニティの状況に強く依存している。コミュニティについての知識を深め、その力を開発することである。コミュニティ組織と援助側の協働は必須の事柄である。難民コミュニティ・グループが組織した文化活動は、主流社会とのつながりを作るために手を伸ばしている前向きの徴候である。

8　法的枠組みと統合過程

政府や市民社会の多くの人々は、難民の生活が成功すれば、その他の人々が後を追ってやってくるプル要因となることを怖れている。これらの怖れが、難民に重大な問題を作り出す外国人嫌い（xenophobia）の態度に現われる。難民の生活に対する受け入れ国の抵抗と闘うのはＮＧＯ等の援助団体にとってカギとなる問題である。各国には反移民暴力を批判するメディアや市民団体があるが、他の国では外国人嫌いが広まっても、市民社会からの反対は少ない。この節では主に先進国、特に西欧を下敷きにして話を進める。

外国人嫌いは世界中のいたるところで、外国人と受け入れ国民が相互作用する際の最も共通な反応の一つである。難民は敵意で迎えられ、犯罪、病気の媒介者、職業機会や文化価値の保持で、地元住民に脅威の源とされ、様々な災禍が起これればその身代わりにされ、攻撃を受ける。難民は、依るべき味方もなく、警察の嫌がらせを受け、司法も助けにはならない。最悪の場合には、暴力を受け、不法に勾留の上、追放される。

市民社会の場では、社会排除は、反移民の外国人嫌いの態度と難民への行動に現われる。これらは、仕事、サービス、住居取得など社会空間からの排除といった差別と、口頭での悪口、小さな嫌がらせから、ゆすり、物理的な嫌がらせまで、幅がある。差別的な感情を持つ家主の高い家賃の要求があり、難民を安い労働力で使う雇用主がいる。公然と、賄賂の支払いが要求され、断れば不当な勾留となるかもしれない。そうした行為は、生活上、難民の能力に影響を与え、怖れとおびえ、不安を生む。

嫌がらせは、難民が当局の保護が得られないことを知る犯罪者の手口である。途上国では、「アラブの春」や国政選挙のような政治危機のときには、経済不況がある中で、職をめぐり競争が激しくなり、外国人嫌いの感情が高まる。その状況下では、難民は通常、行動を控え、子弟は通学させず、小商いも休業する。

受け入れられているという好意の単純な形である、微笑みと簡単な挨拶は、難民を安心・安堵の気持ちにさせる。しかし、ひとたび個人が自信を失い、孤立化したときには、彼らを共同の行事に参加させることは難しくなる。

〝歓迎されていない〟ということは、政策で見分けられる。入国者数を制限する入管法は、受け入れへの否定的な考えを表わすことになる。統合（integration）、それはどんな形をとろうとも、新しい国に到着したその時点から始まる。それは、難民が庇護を求める国での公的地位がどんなものでも、難民自身の意図と熱望で、かなり形作られる過程である。

個々の難民は、現状が不安で、定着が妨げられれば、積極的に未来を見ることができない[33]。彼らは過去の喪失から回復できないとき、深刻な心理的な被害を受ける。安全な地位はそれ自体、統合を可能にする手段であり、難民の統合と所属に関する市民権の上に、政策の基礎を置く必要がある。統合を可能にする状況を作り出すことは、受け入れ社会の責任である。多くの学者、ＮＧＯはこの問題に関心を持ち、何がこれらの状況には必要となるのかに焦点を合わせてきた。

所属、つまり国民としての地位についての考え方は、各国の統合政策にどのように反映されているのか。難民の統合策は、一九九〇年代から多くの先進国で急速に発展してきた。例えばスウェーデンでは一九九〇年代、ボスニアやコソボからの大きな数の難民申請に対応して、入国した人々に〝一時保護〟の地位を導入した。同じような変化がイギリス、ドイツ、スロベニア、イタリアで起こった。彼らへの保護の必要は認識されたが、旧ユーゴからの移民は他の欧州の国々では、市民とはみなされなかった。スロベニアは旧ソビエト圏とのつながりを断ちたいと思い、旧ユーゴの人々を市民として受け入れるのは、欧州に向かって開いた自分たちのアイデンティティを邪魔すると考えた[34]。

欧州では近年、難民を統合政策の明確な対象とするやり方を変更して、選別、そして資格・条件の充足を要求する、市民権を重視する方向に変わってきている[35]。欧州コミュニティの境界が拡大し、移動の自由や労働での市民の特権が増す中で、欧州が人口的、政治的、経済的圧力に対し適応しようとする現実的な変化である。難民の受け入れはアイデンティティを維持したい国家への挑戦となり、同時に増大する経済不況の中で、部外者を歓迎し受け入れることへの挑戦に通じる。

統合は、進行プロセスと見られる一方、実情は、統合が成功したという基礎の上に立って、〝ご褒美〟として、市民権を与えるのに近い。市民権を求める難民は、他の移民と同じ道を通って、ある種の飛躍が求められている。言い換えれば、市民権は、文化的知識、言語の技量を示すことで得られ、その過程は、社会参加を通じて速度が早められると仮定されている。

権利と市民権は、難民の統合を理解するのに基礎となるが、国籍、市民権、権利の概念は、背景により異なるものの、統合という事柄は、これらの概念が置かれた状況下での、統合への考え方や実施措置の理解に欠かせない。その意味で、統合の用語は、当該国の優勢な文化的、政治的な感情を反映して、対象物を多様に解釈する余地を残している。あまりに制約が多ければ、統合政策が表現する歓迎の言辞は損なわれてしまう。

各国には、歴史的、人口的、政治的な文脈があり、権利や市民権といった法的な枠組みに反映される所属の概念を見るだけではなく、権利や市民権が、所属や、統合過程それ自体について与える影響を見ることが必要となっている[36]。

他方、難民の熱望には、受け入れ側の考え方とは大きな違いがある。例えば、北アフリカから地中海を小船で渡り、イタリアに到着する難民・庇護申請者は、同国を最終的な目的地とは考えず、西欧への入口と見ている。極端な場合には、多くの難民にとってマルタ島に船が打ち上げられるのは、意図に反した到着となっている。彼らはその後、何年もマルタに勾留され、釈放されてもマルタに留まる意思はない。この状況では、マルタ人も難民も、統合は望んでいない[37]。

統合の試みは、難民が滞在を意図しないなら、その意味は深く損なわれる。難民が、目的となる社会へ到達したと判断したり、彼らが強く動機づけられ、貢献できる、もしくは力を尽くしたいと考えれば、自らの力で立ちあがり依存を避けるようになる。彼らが自ら力を尽くすようになることは、自分達のアイデンティティと自尊心を取り戻すのに重要である。

したがって、難民にとって統合とは、自分が目的地だと考えた場所に到着したときに始まる。統合がどのようなものかは、難民が新しい国へ到着したときからの経験に影響される。カイロのスーダン人の多くは、エジプト社会には統合できないと感じ、子弟を難民が運営する学校へ送り出す。多くの人々が、エジプト人との社会的な相互作用をすることに慎重な態度を示していた[38]。

難民は経験上で、国や言葉、集団生活への参加を学ぶことで、自らが過去どのように影響を受けたかを話す。話は、法的地位の取得よりも、国への到着から始まる。

難民統合を理解する上で、「社会的なつながり[39]」が中心であることは、政策でも研究でも、よくわきまえられている。社会的つながりの発展には、相互依存と信頼が重要である。信頼の発展は、相互依存のあり方次第である。強い絆を持つ集団間を橋渡しするには、人々が相互に利益になる方法で出会い、資源を交換することである。日常生活の場、例えば学校、店舗で、難民と地元住民が、互いに資源を分け合えることである。

統合は双方向性を持ち、それにより難民は統合されると同時に、社会を変える。そして人が変化する環境に反応し、時が経てば、主流社会の側でさえ、新しく性格が意味づけられたり、アイデンティティが重複し、新たな進化という広い現象が見られるようになる。変化は、社会に通常のものだとすれば、起こる変化は、難民統合という文脈の中での動きを適切に表わしている。

統合過程は、動的で、双方向性を持ち、受け入れ社会と、関係の個人・集団の双方に変化を要求する。難民側の視点から見れば、統合は、難民に生活様式を適応させる用意があることを求められ、受け入れ社会側から見れば、快く新たな状況に適応することを求められる。統合は多次元で起こり、社会参加を可能にする環境、社会への実際の参加、そして受け入れ社会内部での受け入れへの認知が、大きく関わってくる。

しかし双方向性のこのプロセスは、暗黙に仮定される固有の危険性が指摘されている。統合という用語は、地元住民と新着民という二つの明瞭で、均質な集団の関係を想定しがちである。政策はとりわけ、平等性と一貫性を追求するので、政策は地域的な違いを無視し、欧州の難民統合策の統一とか、世界各国で行なわれる難民・庇護申請者の均等な国内分散策に通じる危険性[40]がある。

統合が起こるのは、地元社会である。自治体やＮＧＯなど、援助関係者が口にするのは、統合政策については、地元の枠組みの方が、国の政策枠組みよりも、もっと進んでいる、と。法的地位の違いという論点は、地域では的外れになる。地域の現場は、それぞれ多様で均質性はなく、両者（難民と地元民）が関係を作り出し、地域社会を作ることが関心の対象となる。

統合は多次元で起こると見るべきで、多くの次元での支援と修正がいる。その過程は複雑多様で、アイデンティティが重複した人々を横断して関係を作る意味で、多元的である。統合は、交渉しつつ、新しいアイデンティティを作り出す過程である。難民が催す行事を見て、彼らが自国か、今滞在している国のどちらに属するか、と見るのは意味がない。地域は、新しいアイデンティティが作り出される場である。彼らは、ここであり、そこであるという両方の文化を引き出す、新しい意味を発展させることができる(41)。

権利の枠組みと統合過程の間の関係は、今後一層研究される必要がある。政策担当者はそうしたつながりを無視する。人々は、今滞在している国が、彼らを受け入れるか否か決めるまで、曖昧な状態で待ってはいない。統合か疎外かは、容赦なく始まる。今ある分析は多くが、新しい環境で〝家〟を再建する主体的な社会行為者として、難民自身を認めるよりも、政策の観点から行なわれている。難民自身が、この双方向過程にどのように対処するかを理解する必要がある。

「統合」とは一般に、「自己の文化的なアイデンティティを捨てることなく、社会の主要な全ての場で、人が自己の必要物や望みの程度に応じて参加を実現できる状況」と考えられている。社会とのつながりは、全員が同じであることを要求してはいない。私たちは、この社会の中で、同一と相違の力学を理解する必要がある。

統合の現実の姿は、その基礎、形態、性格が大きく異なっているが、難民定住への取り組みの中で、統合は中心的な概念である。難民統合の構造と決定因を知る努力は今後も続けられる必要がある。統合という言葉を使うと難しくなるが、要は、多義的、多面的で、より具体的な〝やさしさ〟のようなものも、大事である。

第6章　グローバルな避難民と都市対応の人道活動

1　はじめに

現代は、世界人口の半分以上が都市に住む時代である。国連人間居住計画（UN-HABITAT）の推定では、二〇三四年までに世界人口の六〇％が都市に住むという。アフリカの諸都市の成長が特に早い。アフリカの人口は二〇一四年現在、一〇億を超えるが、その四〇％が都市に住んでいる。その数は、紛争、農業の衰微や気候変動のために急速に増えている。人々は、資源の乏しい都市や町に、異常な密度で詰め込まれている。

世界の多くの場所で、紛争は他の要因と絡まり合って、人々が帰還し再統合されるという道筋を損ない、人々に都市に留まるという、逆戻り不可能な状況を表面的には作り出してきた。今日のイラク、シリアでは、難民、国内避難民、帰還民は、彼らの元の土地が民族や宗派ごとの居住場所となっていて、人数的に少数であれば、帰還しても再び暴力に遭う怖れがあり、以前の居住地に住むことができない。よしんば村へ戻っても、以前のような居住形態はできず、暴力が拡がり生存は難しく、学校数は限られ貧弱で、保健施設の数も著しく限られている。代替地のイラク内外の都市は混雑を極め、ときには危険である。アフガニスタンの主要都市、特にカブールはパキスタンやイランから帰還した人々が、自分たちの村に戻る代わりに、都市に留まり、彼らを吸収することができていない(1)。

暴力と紛争が多くの場所、状況で、不可逆的に都市化を進めていることは明らかである。都市滞在は、特に避難民が元の土地で土地や財産の法的権利を持たない場合、選ばれる。都市は人々にとって、長いこと理想化され、何らかの機会を与える土地と考えられてきた。しかし都市では、一定の方針の下に管理されない都市化は、そこに住む人々の生活が非常に困難になることは明らかである。さらに、過去数十年、都市での安全面への脅威が著しく高まっている。都市に住む人々の貧困の割合は、増大する傾向にある(2)。

「都市難民」という包括的なラベルで描かれるものは、市や町の急速な成長による、より広いグローバル過程での避難と人道活動の都市化を説明している。都市避難民は、バラ色の未来を発見しているわけではないが、都市はそれでもなお人々に、少なくとも経済的上昇と物理的な自由という、ほのかな約束を守っている。

情報伝達手段や旅行が相対的に容易になり、国際的なつながりの進展にもかかわらず、アフリカの諸都市にいる難民は、グローバルな規模で進む国家、社会の階層化で著しく不利益を被っている。アフリカの都市の状況は悲惨だが、都市はまだ、農村より機能を果たし、利用可能な施設があり、社会サービスが利用できる。都市はそれゆえ、多くの人々を引きよせ続けている。

2　不可逆的な都市化と国民国家の人口管理政策

近代史を通じて、農村住民は非農業雇用を求めて、伝統的な生活様式から離れてきた。二〇世紀後半から、都市への人口移動は、輸出向けの商業生産を促す広範な農業近代化計画に関連してきた。このグローバルな形は、絶えず発生する政治的危機が環境悪化と結びつき、多くの国々で小規模農業の経済を弱め、人々を都市へと送り出している。結果として、都市は経済資源や機会に欠乏をきたし、貧窮した移民に、供給の内容が一層劣ったものしか与えられず、不平等で、排除の場となってきた。

人道機関は今や、紛争、災害、環境悪化で都市に住む犠牲者の必要物に応えねばならぬようになりつつある。都市での大規模、かつ緊急事態が発生する中で、緊急対応の際には、被災者に届く援助活動をするために、関係機関間の緊密な提携が求められている。[3]一九九七年一二月に出されたＵＮＨＣＲの政策は、都市難民の権利を保護する方法を示す一方、技術的、および政治的理由で、実施が難しかった。ヒューマン・ライツ・ウォッチはその批判として、同政策はもっぱら、援助に焦点を合わせ、都市区域での難民への現実的な保護を無視しているとした。ＵＮＨＣＲはその後、政策の不適切さを認めたが依然、法律的に健全で、政治的に受け入れられ、財政的にも可能な道を探っている。

都市難民を一義的に、避難により経済的、社会的な特殊性を持つ人々としてみなしてしまうのではなく、都市化、貧困、公共行政への理解に結びつけて考えることが大事になっている。人道機関は従来以上に、開発機関や政府機関と緊密な連携が必要になっている。都市避難と都市化の間のつながりが考えられねばならない。

都市での難民生活を見るときの近年の傾向は、難民が持つ経済的利益や他の利益を政策的に考えるべきだとする、難民中心のアプローチである。これは好ましい傾向ではある。しかし問題なのは、その取組みが、今行なわれている対処法の枠内で考えられ、新たな管理を求め、難民を定義しようとしている点にある。このやり方は、相変わらず難民を〝問題〟として位置づけている。

国家は依然、明らかに国境を厳重にし、入国する人々を減らし、市民権の取得を制限しようとしている。国の政策は、都市化、グローバルな人の移動や、国境を越えた開発の過程とは調和していない。その中で、都市難民は宙ぶらりんの状況に置かれている。

都市化は例えば、アフリカの文脈では不可逆的な過程であり、都市への難民移動は、この文脈で考えることでのみ、意味を持ってくる。都市難民の集中で著名な、カンパラ、カイロ、ヨハネスバーグ、ハルツームでは、難民は、国民国家体制という現在の制度に由来し、移り気で一貫性を欠く国際的な難民保護政策の欠陥・弱さに翻弄されている。

難民や移民を人種化することは、かくして排除の根拠になる。国家段階で難民の排除政策を行なうことは、難民を追いやり、犯罪に結びつけることになる。〝南〟の難民は受け入れられた国で特に、外部者もしくは非市民として、差別と不正な取扱いに直面している。

都市化は、不可逆的な傾向である。都市には、難民、帰還民、国内避難民、無国籍者がいる。ダマスカスやアンマンは、一〇〇万人以上のイラク人を受け入れ、ハルツームには難民と国内避難民が一七〇万人である。アビジャンとボゴタは、武力紛争の犠牲者を何十万と受け入れ、彼らはスラムを形成している。パキスタンとイランからのアフガニスタン人帰還民と国内避難民は、自国農村での暴力、経済や他の理由でカブールに移動する幾分大きな数の人々の流れと都市で合流している。

移動が増大する中で、国民国家という根拠による受け入れ国の人口管理政策と、グローバルな発展と地域の発展の間の対比が、各国、各地域に、現われている。都市化は、先進国と途上国では、法律、伝統習慣、文化の点で、様々に異なる問題を起こしている。都市への避難はグローバルな現象だが、受け入れる、その国・その地方特有の影響がある。そして人々が保護を求める際、必要なものは、それぞれ独自の性格がある。個人・家族ごとに欲しいものの種類と程度が異なっている。

様々な理由から、歴史を通じて、難民は、都市風景の一部であった。逃亡・移動には、多くの動機があるが、理由の一つは、疑いもなく都市という、一つの場所に資源が集中することにある。都市への移動には、法的・官僚的障害、政治的障害があるにもかかわらず、様々な動機で、人々は都市への移動を選択している。都市空間は、難民に匿名性を与え、それゆえ大きな個人的安全を与える。匿名性は、物理的な安全を与えるほかに、彼らの素性を隠して収入を得ることを可能にする。

国や国際機関による難民キャンプへの収容策は、同じ一つの国からの難民が同じ場所に置かれるという危険性がある。グループの何人かは以前の敵かもしれず、互いに攻撃の標的にし合うかもしれない。都市はその点、匿名性が物理的な安全性を、一定程度与えている。難民が、同じ国出身の無法集団からの暴力の危険があり、受け入れ国では地元当局の保護が保証されないなら、定住か移転への支援が与えられるべきである。

都市では、人々はこれまでの血縁を基礎とする社会から、多様な人々が混在して住む、非公式な定住地へと投げ込まれ、〝見知らぬ人〟同士の社会を作ることになる。そこでは、中央および地方政府の力が及ばず、不適切な住居、不十分な公共インフラ（医療、教育、福祉、上下水など）と治安が悪く、性的虐待、薬物密売、暴力といった犯罪への対処能力を欠いている。困窮した新着者が一層集中する場所で、人道および長期的な開発計画が、都市生活の質を改善するために、とりわけ必要とされている。政策・制度的問題と、家族・個人ニーズの双方での対応が必要となっている。

3 グローバル化の高まりと南北間の格差の拡大

難民は〝北〟の国々でのみ、人種主義や差別に直面すると思われている。この見方は、南の国々での難民流出を管理しようとする国際難民政策に反映された仮定である(4)。すなわち、アフリカ、ラテン・アメリカ、アジアの難民とその受け入れ国は、同じ民族的、社会文化的な特徴を分け合い、難民はそれゆえ、人種差別や偏見に直面しないというものである。勿論、これは真実とは程遠い。難民が、汚染源や負担とラベル貼りされるとき、それらの人々は脅しや偏見の対象となる。

何百万もの避難民が難民キャンプ内外に住み、個人や家族はしばしば最小の人道援助しかなく、受け入れ国政府やその住民から非常な抵抗を受けている。人道援助が不十分なとき、彼ら自身と家族が生きる努力は支援される必要がある。

特に南の国々では都市難民は周辺化されており、グローバル化の高まりと南北間の格差の拡大から分離することができない。南の都市は移動途中の難民にとって、国際機関が斡旋する定住計画から、密輸ブローカーまでが関与する、一つの国から他の国への中継点である。

難民の登録と法的地位の取得は、これまでのキャンプ中心の援助政策から受け継いだ、おそらく最も目立つ援助形態であろう。将来の組織的な帰還事業のために、登録を行ない、経済機会を個々の家族に与えることは、小さいことだが、恒久的な解決のためには重要な要因とされている。関連の事業では、受け入れ国の責任を国際援助機関が肩代わりするのではなく、国の関与を強めることであろう[5]。

ただし、そうした取組みは依然、国際機関や文献が、公的な登録と法的地位の重要性を強調し続けてはいるが、それは言ってみれば、難民は彼らの権利が守られ、受け入れ政府は彼らの保護に関与していることを示すことで、援助の象徴的な役割を演じているだけである。現実には、すでに見たように、国の政策枠組みや個々の難民の法的地位は、彼ら難民が住む非公式な環境の中では、実際には限られた効果しか持っていない。効果的な都市難民政策とは、難民の福利と妥協なしに、権利と生活を守るようにすることである。

難民・避難民は、様々な動機・理由で、都市へ移動する。難民が農村キャンプより、都市への移動を好む理由の一つは、北の先進国の一つに定住したいという願望を満たすためである。今日の都市難民、とりわけアフリカの都市にいる難民を特徴づけるカギとなる概念は、〝待つ〟という概念[6]である。彼らは、自由、成功、機会、幸福を求めて、待つ生活に耐えている。

例えば、難民が、カイロは一時的な通過場所と考えれば、全ての行動や決定にそれが優先する。現地へ統合されることに抵抗し、新しい土地での個人的な投資を十分にはしなくなる。何を食べ、どこに寝るか、日々の生活にあまり注意を払わなくなる。十年以上住んでいても、人によっては、滞在は一時的と考えている。多くの人がエジプトを離れた後、行なうことを計画し、資金を貯め、病気のような直接の危険を避けることに意を注ぐ[7]。

彼らは、合法的な入国や定住への手段の大半が閉じられているので、偽のパスポートやビザその他の種類を入手するため、数多くの不正手段に訴えている。難民に法を犯すことを強いる受け入れ国政府の政策や手続きが不適切であり、難民の求めるものを考えないことがある。また研究者の中には、個人の複雑で変化する逃亡の動機を考える上で、強制移動・避難の原因として益々、経済要因が含まれるという認識がある。(8)

グローバルな移動形態と、国家間の市民権取得への違いを作り出す、北と南の国々の間の構造的な重要な違いがあるなら、都市は同時に、国境を越えた難民ネットワークの結節点となる。都市は、キャンプを経由しないで都市に直接到着する難民にとって、交通手段や情報の集積点として、地域的に重要な役割を果たしている。公的な労働市場をはじめ、国家が提供する資源を利用できない中で、国境を越えたネットワークは、難民個人や家族に送金を通じて、地域での生活を作り出している。ネットワークは、状況を長期的に改善していく道・方法を見出していく。

世界の都市の多くの場所で、特に市内の特定の周辺部が、新しい経験を生み出し、経済が活性化し、難民・避難民の他の土地への通過地、あるいは雇用、教育、さらに単に冒険を求めて国中から集まってくる国民の一時的な目的地となっている。それゆえ、統合というのをコミュニティという境界線で引いてしまうのには注意がいる。外部者は、雇用や賃金を比較して経済統合を測るが、一方、文化統合ははるかに複雑である。言語を含めた文化価値や慣習によって現実を切り分けるのではなく、混成（雑種）を話すことの方が、多くの事例で意味がある。難民状況の多くで、難民・避難民の個人的な特性は、彼らが統合、あるいは同化し、生活を立てていく上でカギとなる。

急速な都市化で構造的な変化が起こり、あるいは都市が再生している地域では、誰が誰と統合するのかを決めることは難しい。(9) 先進国への定住機会は限られ、近い将来には多くの人々にとって、自分から帰還するという機会は薄いので、今いる地への現地定住が、おそらく最も現実的な解決法であろう。ただし、ロシアにいるアフリカ系少数民族の場合には、現地定住は可能な選択肢とは見られていない[10]。

アフリカの都市での難民数は多いとはいえ、地元の都市住民の数と比べれば、それでもまだ全体としてはわずかで、特に言語、民族、生活の仕方に類似性があれば、新たなアイデンティティを作って、都市住民の中に溶け込むことが可能かもしれない[11]。

4　おわりに

――広い視野と新しい人道指針――

人々にとって、移動は選択の問題ではない。難民キャンプにいるよりも、都市への避難を選ぶかもしれない。しかし、避難させられることを選んだわけではない。そこにはぎりぎりの状況においても、主体的な決断が働いている。そして彼らには、人道法の下で、保護を受け、援助される権利がある。

農村から都市への移動という概念は、基本的に誤りである。難民キャンプの多くは、性格が事実上、すでに都市的であり、難民は結果として、〝擬似的な都市〟から別の都市に移動しているにすぎない[12]。

移動の動機は様々でも、人間としての誇りを持って生きるために闘うのは同じである。人の生活は、安全と資源入手で保たれる。彼らが必要とするものに応える道は、純粋に避難に焦点を合わせた人道上のものというより、もっと広い視野で取り組まれるべき問題である。人道制度は、以前はそうしたやり方への準備がない中で、事態に対応してきた。課題が複雑であれば、考え方を根本的に転換する必要がある。都市に移動する難民・避難民の数が増大する中で、彼らの必要物に応えるには、視野を拡大し、新しいやり方と新しい人道指針が必要である。

終章　都市難民の研究
――倫理と科学的厳密さ――

難民研究は部分的には、その方向性が主題となるものに由来している。暴力紛争、避難の経験、人権侵害は単に研究対象として取り扱うことができない。他人の苦難への研究は、唯一その苦難を軽減するのが明確な目的なら、正当化されうる[1]。研究者は、自分たちの分析が現代の危機に応えていないことを怖れる。使う用語や概念が、あまりにも難解で理解されないことを怖れる。

研究は、苦難を減じることを求めると同時に、難民関連の社会科学は、諸学問の中で占める場所を正当なものにし、社会調査のためにわずかな資金を引き出すために、難民研究は社会科学としての高い水準を保たねばならない[2]。

これは二重の責務である。研究の仕事で得た知識と理解が難民を保護し、政府に影響を与え、国連やＮＧＯの救援事業を改善し、同時に学問世界の要求を満たすことである。多くの人々は政策的な適切さと、理論的な精緻化は互いに相容れないと見ているが、学問的に力強く、政策的に適切であることをどうすれば達成できるのか。難民第一の研究が、倫理的で科学的に理にかない、そして政策志向であるようにする、単一の最良の方法はない。どのような方法も、探究する問題と条件次第で、長所と短所がある。例えば、難民研究では、既存の社会科学から様々な用語・概念が借用され、自由に使われている。人間の安全保障、社会資本、人的資本、エンパワーメント、ジェンダー、草の根参加、暴力……等々。これらの用語は一般に広く使われているが、啓発活動や政策の中で、おそらく合意を得たり、資金獲得の目的で、不明確に使われている。難民研究では、概念、定義、変数、仮説を再考し、そしてそれらがどのように評価され、測定されるかを明確にする必要がある。

研究が学問的に洗練されるとき、実務者や政策担当者からは、研究が実務とはかけ離れたと疑いを持たれるかもしれない。研究者の仕事は、政策および啓発活動への強固な基礎を与えることである。効果的で倫理的な研究は、研究の方法が健全で、データや知識を生み出す方法の長所と限界を、はっきりと認識しておくことである。

避難という観点から直接に、ほとんど疑いもなく難民と政策に焦点を合わせる今ある多くの研究の傾向は、不当に研究の効果を縛り、限定しているという批判[3]がある。もし私たちが、難民法への関心を越えて動き、現実面で研究で得た果実を、どのように実行に移しかえることができるかを問うなら、難民の保護促進を目的とする公政策の限界を一層現実的に理解するだけでなく、包括的な理解に進むことができる。結果としての政策と法を研究するだけでは、その背後にある過程を見逃してしまう。究極的に、私たちが現行の政策、法律、関連の手続きを改善するには、それらが働く源と利害関係を理解する必要がある。例えば、「国内避難の指針原則」（*Guiding Principles of Internal Displacement*）は広く受け入れられてきているが、これが現場で保護に適用されたという証拠はほとんど聞かない[4]。

難民の政治的保護の他に、経済機会を求める強制移動の動機を概念化するために、近年言われ出した〝生き残り移動〟(survival migration)の用語がふさわしいのかどうかは、まだ明確ではない[5]。人々を長期の援助に依存させるよりも、自立可能な保護を実現させるためにも、経済要因を強制移動の概念に組み入れるために、何が必要かを考えることは重要である。地域的な都市化、難民移動のグローバルな形態の変化の考察を通じて、核心を枠組みづける必要がある。

都市難民の問題の解明には、国境、市民権、都市化といった政治的・社会的な枠組みによって、難民が生活を追求する場である都市環境を形作る過程と、阻害要因を批判的に分析する、歴史的で、グローバルな視点が必要である。国際人道活動の力学がどのように変化し、新しく統合されたアプローチが、危機や紛争に対し、長期的に人道活動に何をもたらし、何を意味するかの分析が必要となっている。

注

●序章

（1） Yacobi, 2010, p. 66.

（2） Marfleet, 2006, p. 224. 巨大な数で多様な難民の姿が見られるのは、以下の都市である。メキシコシティー、リオデジャネイロ、サンパウロ、ヨハネスバーグ、ナイロビ、カイロ、ハルツーム、ダカール、イスタンブール、ニューデリー、バンコクなど。また特定の難民集団が特定の都市に居住している場合もある。例えば、マドラス（スリランカ・タミール人）、カイロとカンパラ（スーダン人）、ダルエスサラーム（ブルンジ人）、リオデジャネイロ（アンゴラ人）、サントドミンゴ（ハイチ人）、ペシャワール、ラホール、ニューデリーとマシュハド（アフガニスタン人）、ナイロビ（ソマリア人）、コナクリ（シエラレオネ人）、アンマン、ベイルート、カイロとダマスカス（パレスチナ人）である。

（3） UNHCR、二〇一三年。難民は、ビルマ（現ミャンマー）と域外諸国から来ている。デリーでは、ビルマ人は西デリーに集まる。ソマリア人とアフガニスタン人は、南デリーとワズィーラーバードと北デリーに集まっているが、アフガニスタン人はより分散している（Joint IDP Profiling Service et al., 2013, p. 16）。

（4） Fagen, 2014, p. 325.

（5） Joint IDP Profiling Service et al., 2014, p. 27.

（6） UNHCR, 2011b, p. 1. & UN-HABITAT, 2010, p. 1. クウェート、アフガニスタン、エジプト、ソマリアのいくつかの都市は、それぞれ約一〇万人、クアラルンプールとナイロビは各三万人、キンシャサ、カンパラ、ハルツームは一万八〇〇〇～二万六〇〇〇人を抱える。

（7） Crisp, 2010, p. 40. 多くの避難状況とは違い、逃亡するイラク人は主に都市住民からなり、他地域・他国の都市へ避難している。

（8） Yacobi. 2010, pp. 47–53. 二〇〇五年に始まったスーダン難民のイスラエルへの逃亡移動は主に、スーダン・ダルフール地域の人々である。スーダンの隣国のエジプトは、スーダン難民を一九九四年から受け入れている。エジプトでの難民の数は不明だが、カイロは途上国世界で都市難民を抱える五大都市の一つである。同年一二月にエジプトで発生したダルフール人の抗議行動へのエジプト治安機関の弾圧が契機となって、多くの人がイスラエルに逃亡した。国境越えのため、砂漠の民ベドウィン（Bedouin）のブローカーに数百ドルを支払っている。二〇〇七年春には、一日に五〇～一〇〇人が入国している。イスラエル・テレビの発表（二〇〇八年五月）では、二〇〇七年には五〇〇〇人のスーダン難民が入国している。他はエリトリア、ガーナ、ケニアからの難民であった。数は二〇〇八年一二月には二万人となった。アフリカ難民の到着で、イスラエルは、ユダヤ人が独占的に移民してくる国から、事実上、〝普通の〟移民国に変化しようとしている。

（9） 彼らＩＤＰは、市や町の近く、キャンプ、無断居住区に住む。国際援助による公的保護はなく、被害程度は様々だが、一般に短期的な援助を受け取っている。紛争や災害が落ち着けば、元の家に戻ると見られているが、必ずしも戻ることはしない。また戻った人々の中にも、農村では生活が難しいと知ることになれば、再び都市に戻る者もいる。事実として良く知られているものの、ほとんど調査されていないのは、アフガニスタンのような大量の帰還民の場合には、自国や元の家に戻った後、再び都市ＩＤＰになることである。

（10） Marfleet. 2006, p. 224; and UNHCR. 2011b, p. 1. コロンビア・ボゴタには、中米、南米の紛争を逃れた多くの人々が市中に住んでいる。一九九七年時点で、難民はキューバ、エクアドル、ペルーから来ていた。他に好ましい目的地（主に、アメリカ）をめざす、少なくとも二五万人の〝一時滞在の難民〟（transit refugees）がいる。彼らは、アジア人、アフリカ人である。具体的に言えば、ナイジェリア、ガーナ、コンゴ、ナミビア、ブルンジ、マリ、セネガル、タンザニア、中国、インド、イラン、パキスタンなどからの人々である。

（11） Marfleet. 2006, p. 225. ＵＮＨＣＲの職員の中には、〝都市難民〟は過度の要求を行ない、特に難民認定、勾留の際、移動の自由、書類を要求すると見ていた。同職員にしてみれば、彼らはキャンプに収容されている人々（UNHCRモデルに従う人々）よりも、不当に自分たちで定住への優先度を高めた人と考えられ、UNHCRにとっては問題であった。彼ら難民は、財政的にも個人的にも自活できる手段を持ち、本来の滞在・収容先である農村定住地やキャンプから、都市へ、あるいは一つの国から他国へ、より良い状況と見通しを求めてやってくる人とみなされ、UNHCRが世話するべき人々だとは、考えられてこなかった。UNHCRのこのやり方・考え方は、西側先進国の態度に大きく影響されていた。西側各国は一九九〇年代まで、こうした難民を難民の資格には該当せず、〝計算高く〟、〝攻撃的だ〟と見ていた。可動性があり、自分の考えで行動する彼らは、無力で常に依存する人という難民概念と矛盾する、と考えていた。

(12) Furley and Obi, 2002, p. 3: UNHCR, 2011b, p. 1. 東欧にいる都市難民は、主に家族からなり、多くの女性と子供がいる。都市難民政策が主として想定した、単身男性ではない。多くの庇護申請者や難民は、他国を経由して到着、一時滞在して、また次の国（多くが西欧諸国）に行くことを望んでいる。

(13) Lyytinen, 2009, p. 22.

(14) Landau, 2004, p. 3.

(15) Fagen, 2014, p. 334. 例えば中米エルサルバドルは、環境災害に非常に弱い。同国では、一二年続いた紛争が一九九二年に終わり、人口が著しく増大した。サンサルバドル首都圏の人口は一〇〇万人を超えた。しかし都市インフラやサービスは、急激な人口拡大に追いつけなかった。農村に住んでいた人々が首都圏に移り住み、二〇〇八年には国内の人口の三二％以上となった。紛争後、コーヒー生産は下降し、さらに農村を疲弊させた。一九九二年以降、ハリケーン、地震、洪水の自然災害に五度襲われ、インフラは破壊され、修復には程遠く、以前より地すべりと洪水が起きやすくなった。災害は沢山の人々、特に貧民の生命と財産を奪った。国は被災地が災害に対し耐えうるような、より強い再建策への投資を望まなかったし、できなかった。首都圏の弱体化したスラム地区には、注意が払われなかった。復興・再建への投資が少ないため、多くの人が被災した農村地域を離れたが、都市環境自体の悪化のため、これらの新着民の吸収を一層難しくした。

またカリブ海地域のハイチでは、二〇一〇年一月の地震の際の再建計画は、表明された資金額から見て、効果的なはずだったが、援助は、制度上の弱さ、貧弱な調整活動、指導力の欠如、首都ポルトープランスの完全な崩壊で阻害された。

(16) Landau, 2014, p. 141.

(17) UNHCRは、都市はあらゆる種類の避難民への人道的援助の主要な場であることを認め、それまでの都市難民への不適切な対応を認めた。UNHCRは依然、農村定住地やキャンプでの援助計画を良しとする考え方があると批判されている(Fagen, 2014, p. 333)が、全体としてUNHCRは、都市難民が大量に存在する特定の都市を選んで、対処戦略を考え、都市区域での保護機能拡大に努めている。

(18) 国内避難民(IDP)は同じような困難な問題に直面する同胞の中で生活しているので、その状況は、特に複雑である。例えばコートジボアール・アビジャン、スーダン・ハルツーム、ソマリア・モガジシュのように、彼らの体系的な登録事業は全くなく、また彼ら自身が安全上の理由で、隠れているのを望むときもあり、彼らを見つけ出し登録するのは倫理的に問題がある。ただし、いつもというわけではなく、例えばウガンダ・カンパラではIDPが同政府に、自分たちを認め、援助を与えるよう求めている(Lyytinen, 2009, p. 25)。

(19) 同組織は、人道支援の連携・調整強化を求める国連総会決議 No. 46/182(一九九一年一二月採択)を受けて、一九九二年に設立された。

(20) Jacobsen and Nichols, 2011, p. 2.

(21) Fagen, 2014, p. 333. 国際人道機関、例えばUNHCRは、スタッフを再訓練し、様々な方法を試しているが、都市全体に散在する難民を見つけ出し保護する、経験ある十分な数のスタッフがそろっていない。都市難民の保護と援助では、UNHCRは限られた能力しか持っていない。人道援助は、難民が都市区域内に広く分散して居住し、かつ援助の入手場所が彼らの居住する場所から遠いことで遅れが目立っている。

(22) Deikun and Zetter, 2010, p. 6. UNHCRの現地事務所から送られてくるデータは、不完全で、互いに矛盾するところはあるものの、都市難民と非都市難民の区別がされている。しかし、本部が発表する年次統計では近年まで、その区別は外されていた（UNHCR, 1997, p. 20）。一方、受け入れ国政府の人口調査では、非正規定住地が省かれ、また人々は、法的地位が曖昧なため、当局の前に姿を見せない多くの都市難民の数が省かれ、彼らの人口規模は公式の統計には現われてこない（Jacobsen and Landau, 2003, p. 20）。

●第1章

（1）世界的には、約六〇〇万人と推定されている（Lyytinen, 2009, p. 2）。都市難民は、受け入れ国や関係の国際機関に数えられず、数字は過小に推定される傾向にある。また彼ら難民は、逮捕、暴力、追放を怖れて、当局の前に姿を見せないこともある。

（2）注目すべき点は、特定の国籍者が原因国の域外でも、都市難民として大きな数を占めることである。彼らの出身国は、例えばアフガニスタン、アンゴラ、エリトリア、エチオピア、ガーナ、イラン、イラク、リベリア、ナイジェリア、ソマリア、スリランカ、スーダン、コンゴ民主共和国、そして近年はブルンジ、ルワンダなどである。これらの人々の中には、貿易や放牧に根ざした長い移動の歴史を持つ場合もある。他には、経済的な動機による移動の歴史を持ち、そうした移動は、農村から都市へという、より広範囲なグローバル移動につながっている。

（3）Ainsworth, 2007, p. 11. 多くの人が自国スーダンの首都ハルツームに移動したとき、貧困を最初に経験している。彼らの移動目的は、教育機会の探求、仕事探し、紛争避難と多岐にわたる。彼らの多くは政府の避難民キャンプに住んだが、他の人は一時しのぎのスラムか、無断居住区か、半完成のまま放置された建物に身をよせた。

（4）*ibid.* 二〇〇五年末で、エジプトには一万九〇〇〇人の難民（パレスチナ難民を除く）が登録されている。スーダン人が最大で、次いでソマリア人の順である。この数字は、UNHCRにより公的に難民の地位を与えられた数のみであり、かなりの数の未認定の難民がいる。彼らはUNHCRと連絡をとらないか、UNHCRが難民の認定を却下した人たちである。エジプト政府は難民に特別な援助はせず、UNHCRが基本的な必要物資を配布している。UNHCR

や受け入れ国に登録しようとする人々は、そうする特別な理由がある。個人的に保護を受ける必要、援助の取得、第三国定住（難民のみ）を望むためである。難民と公式に認定されても、都市難民には強制送還からの保護以上のものはない。

（5）Fagen, 2014, pp. 329-330.

（6）*ibid.*, pp. 331-332. 同時に、正規書類を持たないサルバドル人の先進国への移住が急速に進んだ。大規模な祖国帰還の動きはなかった。しかし受け入れた先進国内での治安が、特に都市区域で悪化し、多くの人々が本国に送還された。アメリカは、年に八〇〇〇～二万人（二〇〇五～二〇一〇年）を送還している。そのうち、四分の一から三分の一は犯罪者といわれた。

（7）Murray, 2001, p. 3.

（8）例えば、Rogge, J. and Akol, J.（1989）, "Repatriation: Its Role in Resolving Africa's Refugee Dilemma", *International Migration Review*, Vol. 23, No. 2; Cooper, D.（1992）, *Urban Refugees: Ethiopians and Eritreans in Cairo*, American University in Cairo Press; Malkki, L.（1995）, "Refugees and Exile: From "Refugee Studies" to the National Order of Things", *Annual Review of Anthropology*, No. 24.

（9）Marfleet, 2006, p. 224.

（10）アフリカ諸国による、難民に関する国際会議でも、その考え方が基礎にあった。例えば一九七九年のタンザニア・アルーシャ会議（the Pan-African Conference at Arusha）では、都市難民を「雇用か、教育機会を求めて、受け入れ国の町へ移動する若い人々」としている。アフリカ統一機構（現アフリカ連合）の「アフリカ難民職業斡旋・教育局」（Bureau of Placement and Education of African Refugees, BPEAR）もこの偏った見方を受けて、集団での解決よりも、個人ごとの解決を強調している。また他には、窮迫して動く農村難民に比べ、都市難民の動きは、自分から前もって移動する、〝予測的な動きだ〟、とされた。

（11）Karadawi, 1987, pp. 119-120.

(12) *ibid.*, p. 120. その時までに、エチオピア政府の抑圧策に武力で抵抗したエチオピア人学生約一〇〇名がアジスアベバから逃亡してきた。同学生の抵抗運動は、一九六五年に始まった。スーダン政府は彼らを難民と認めたが、UNHCRは自国を離れた彼らの動機の信憑性を疑い、〝教育機会を求める人〟(education seekers) とした。UNHCRが首都ハルツームで、都市難民と庇護申請者に、種々の形態の援助と保護を与え始めたのは一九六〇年代からである。しかし、同機関が都市避難民に深く関わりだしたのは二〇〇五年末のことであり、関与は極めて新しい。主な事業は、保護と帰還であった (Lyytinen, 2009, p. 17)。

(13) 先のカラダウィの分類をさらに進めれば、①迫害国から直接に到着、②他の庇護国からの移動、③庇護国の農村所在の難民キャンプに居住後、都市へ移動、④難民 (個別認定であれ、集団認定であれ) および庇護申請者、がいる。

(14) 例えばソマリア難民は、イエメン・アデンのバサティーン地区 (Basateen) のような高密度、低所得の土地に集中している。あるいは、ケニア・ナイロビのイーストリー (Eastleigh) 近郊に集中している。集住地では、難民は、流通業種や同胞の連絡網から利益が得られる。他の都市 (カイロ、バンコク、ヨハネスバーグ、クアラルンプール) では、各難民には密集地がある一方、地元民の中に拡散している (Feinstein International Center, 2012, p. 7)。

(15) Landau, 2004, p. 9.

(16) アフリカのケニア・ナイロビ、ウガンダ・カンパラには、アフリカの角、中央アフリカの紛争地帯を逃れた難民の巨大な難民社会がある。多くの難民が、警察、軍隊による脅迫、嫌がらせ、殴打、恣意的逮捕、勾留、性的暴力の被害にあっている。大半の難民が、戦火と極度の暴力を逃れ、都市では〝路上迫害〟(street pogroms) と呼ばれる、警察による嫌がらせや不法行為に直面している。ヨハネスバーグでも、ランダウ (Loren B. Landau) が同様な事態を報告している。タンザニア・ダルエスサラームでのブルンジ難民の生活は極度に周縁化されているし、ドミニカの首都サントドミンゴに住むハイチ人も同様で、勾留と強制送還の怖れの中で生活している (Marfleet, 2006, p. 226)。

(17) Landau, 2004, pp. 13-14.

(18) Karadawi, 1987, p. 115, pp. 120-122. 彼の分類によれば、①教育機会を求める人、②入国後、最初に農村に自主定住するか、農村定住地にいたが、その後都市へ移動した人、③自国の軍隊から脱走した軍人・兵士、④亡命政府・軍からの脱走者、⑤国外にいる間に自国の情勢が変化し、帰国不可能か恐怖で帰らない人（refugees-sur-place）、⑥活動家、⑦何らかの機会を狙うご都合主義の人、である（詳しくは一七頁の表を参照）。

(19) 小泉康一『「難民」とは何か』（三一書房、一九九八年）参照。

(20) UNHCR, 1997, p. 11. ＵＮＨＣＲは一九九七年の文書の中で、それまで都市難民に一貫して適用可能な定義はなかった、と述べている。北アフリカ、中央アジアでは、一九九七年頃まで、ＵＮＨＣＲ駐在事務所は出自とは関わりなく、都市区域に住む難民は誰でも、都市難民としていた。難民を、難民キャンプや難民用の農村定住地に住まわせる国には、ＵＮＨＣＲの定義は当てはまらなかった。

(21) 所得や富のような静的指標で測る貧困と違い、「脆弱性」は、不安や衝撃・損害に反応する個人や家族の能力と捉える動的概念である。この衝撃は、所得の稼ぎ手の喪失といった家族次元で起こったり、環境災害のような広範な地域社会次元で起こる。脆弱性は、無力無防備で、危険や衝撃、圧迫に複合的にさらされることである（Jacobsen and Nichols, 2011, p. 11）。しかし、脆弱性の論議で著しく欠けているのは、何が脆弱性を作り出し、脆弱性の変化をどのように測定し、何が社会経済面で人を様々な周縁化の形態にするのか、の分析である。

(22) 都市区域を定めることは難しい。都市に近接して住む人々が多い地域では、住民は正規、非正規の職業を持ち、商品やサービスを入手して、生活を維持している。難民キャンプは、その性格上、都市区域の特徴のいくつかを共有しているが、ここでは除外する。

(23) UNHCR, 1997, p. 2, p. 11. すでに保護が得られているのに、より良い何かを求めて動く個人は、ＵＮＨＣＲの援助の対象からは外されるとした。

(24) A Specific Executive Committee Conclusion, No. 58 (XL).

(25) UNHCR, 1997, pp. 2-7. 同文書は、都市難民はＵＮＨＣＲが扱う難民の二％以下なのに、ＵＮＨＣＲ資源の推定一〇～一五％を必要とし、不釣り合いな費用だと断じている。また、資金を出す先進国ドナーは、解決策として現地定住か、自発的帰還に焦点を絞ることを望むので、都市難民への長期の生活支援には関心を示さない、とも述べている。

(26) Obi and Crisp, 2001, p. 13.

(27) Crisp and Refstie, 2011, pp. 4-6.

(28) UNHCR, 2009, p. 3. 例えばタイでは、難民キャンプの外に住むビルマ人について、彼らの多くが〝難民然〟の状況で逃亡したにもかかわらず、難民ではなく移民と、タイ政府はみなしている。タイは、難民条約の加入国ではない。

(29) Jacobsen, 2014, p. 104. 二〇一〇年現在、五〇〇〇人以上の難民を国内に抱える庇護国は、七一ヵ国あり、その中、一九ヵ国がキャンプ収容策をとっている。これらの国は、全てがアフリカとアジアにある。

(30) Jacobsen and Nichols, 2011, p. 7. ガーナのリベリア難民のブドゥムブラ・キャンプ（Budumbura）は、初め首都アクラから二〇キロの農地の中にあったが、今日キャンプは都市の一部となっている。キャンプの都市編入はどこでも起きている。ハルツームでは、国内避難民キャンプは市内からかなり離れたところにあったが、今では郊外か市の一部でさえある。

(31) Jacobsen, 2014, pp. 104-105. そうした行為は、広範に見られる。例えばバングラデシュのコックスバザール（Cox's Bazar）。ビルマからのロヒンギャ難民（Rohingya）は、一九七八年以来、同国に住む。何人かはキャンプ内に住むが、大半はキャンプ外に非正規に住んでいる。彼らは五〇年間、港湾労働者だったが二〇一一年、地元政府は国が発行する身分証明証を持たないので、港湾で雇用してはならないと命じた。この規則は港湾での労働力不足を生じ、当局はすぐさま緩和を余儀なくされた。しかしロヒンギャ難民には、適切な賃金が支払われず、彼ら難民は港を支配する地元の有力な政治家など、多くの関係者に金を強要された。加えて、キャンプ周辺の森で薪を集めるロヒンギャは、森へ入る許可を得るため、森林管理の役人に賄賂を支払う必要があった。

(32) Marfleet, 2006, pp. 226-227.

(33) *ibid.*, p. 227.

(34) Fábos and Kibreab, 2007, p. 4.

(35) 一つの方法は、地元住民も難民も含めた生活支援の計画を考えることである。そうした方法の利点は、次の通りである。①自国民に利益が及ぶので、政府が計画を好意的に見るようになる。②職業訓練、起業開発支援のような学習環境の中で、地元住民と外国人が一緒に出会う機会を設けることで、連絡網、協力、そして相互理解、地元理解が進み、難民への利益となる。③受け入れ社会で社会資本を作り、地元住民の難民に対する不安と危惧疑念を減らすことができる。難民は資源をもたらすと見られ、また共に学ぶことは良好な社会関係の樹立にも良い。

(36) Fagen. 2014. p. 330.

(37) Karadawi. 1987. p. 124.

(38) Crisp and Refstie. 2011. p. 4. カブールの人口の九〇%が市外区域に住み、非正規の居住地が市の大半を占める。約三〇〇万人が不法な住居に住んでいる。

(39) 難民・避難民のこの行為は共通していて、世界各地で一般に見られる。難民・避難民はもし彼らについての、ある情報が知られたら、汚名を着せられたり、攻撃対象にされるかもしれない。バルカン、コーカサス、トルコにいる避難民の中には、安全上の理由で隠れている人々がいる。他の人々は市当局や家主により、移転を迫られ移動すると、その存在が見えなくなる（Montemurro and Walicki. 2010. p. 11）。また、アフリカ諸国からの難民が庇護を求める都市は、イスラエル・テルアビブである。同地では、雇用と住居が見つかるという希望がある。テルアビブにはＮＧＯの支援はあるが、人の目につきやすく、あまり目につかないエルサレムの方が安全と思われている。難民の流入は、イスラエルではユダヤ民族の優越にもかかわらず、人口面から空間的な多様性を同国の都市に与えている。国内では、難民流入を〝国難〟と捉え、排除の動きもある。しかしイスラエルは、中東域内で唯一の西側民主主義国家を自認しているため、人権尊重は守らねばならず、他方で押し寄せる庇護申請者を制限し、民族的性格を守らねばならないというジレンマに立たされている（Yacobi. 2010. pp. 58-62）。

(40) Davies and Jacobsen. 2010. p. 13.

(41) Joint IDP Profiling Service et al. 2013. p. 7. アフリカでは戦火、貧困、ＨＩＶ／ＡＩＤＳの複合的な組み合わせで、

先例のない数の孤児がいる（Landau, 2004, p. 20）。

（42） Jacobsen, 2014, p. 102. コロンビアでの国内避難民の研究によれば、逃亡の際、八三％の人が土地をとられるか、放棄せねばならなかった。

（43） しかし、この心理的、社会的損失が人々の生活にどう影響を及ぼすのかの研究はほとんどない。今ある心理的・社会的研究は、人々がトラウマから回復するのをどう助けるかだけに焦点を合わせる嫌いがある。

（44） Ainsworth, 2007, p. 41. カイロのスーダン人は、都市では食料生産から切り離され、貨幣経済に巻き込まれた。スーダン南部で主食であったある種の食物は手に入らなくなったので、他の食物消費が増大した。他の食物への切り換えは多くの場合、ハルツームで起こり、カイロで加わったものはほとんどなかった。エジプトに到着しても、摂取する食料消費の形は維持された。この形態は、受け入れ社会の消費形態を反映している。スーダン人は一般に、肉よりも鶏の骨、皮、頭を購入した。食べ物が原因で起こされた病気と感じているのは、かゆみ、胃の不具合であった。食料の交換、共有、用意と消費は、重要な社会文化的価値を持っている。それは、避難中に損なわれた社会組織と、行動規範様式を反映し、強められることになる。

（45） *ibid.*, p. 9.

（46） UN-HABITAT, 2010, p. 2.

（47） Jacobsen, 2014, p. 100. 例えばカイロでは、多くのイラク難民が、多くの資産を持って到着し、エチオピア人やスーダン人よりも貧窮度は低い。研究調査や援助計画の立案の際には、これらの多様な現実に対応せねばならない。

（48） Strang and Ager, 2010, p. 602.

（49） Ainsworth, 2007, pp. 46-49. 難民の間では、互いを訪問したり、お客を受け入れたりする社交が日々の生活の中心となる。これは世界各地で見られる共通の現象である。例えばカイロのスーダン人は、時には招待していない〝お客〟を何ヵ月も受け入れることがあり、物質的にも精神的にもかなりの負担となっている。寛大さと歓待は、スーダン人の考え方の大事な要因である。

第2章

（1）例えばウガンダの首都カンパラに住む難民の全体数は不明である。UNHCRは三万五〇〇〇人を超える都市難民を登録しているが、一方NGOのヒューマン・ライツ・ウォッチは、五万人を超える難民がいると推定している。最大の難民集団は、コンゴ人とソマリア人である。ここでの都市難民の三分の一は、一日一ドル前後の生活をしている。カンパラはほこりがちで、貧しく、山がちで起伏ある土地に密集して住んでいる。市場は未発達で、失業率は高学歴のウガンダ人でさえ高い。難民条約の加入国であり、二〇〇六年には難民法を通過させ、難民に移動の自由とカンパラでの居住権を認めている（Buscher, 2011, p. 20）。

（2）Jacobsen, 2006, p. 285.

（3）Collinson, 2009, p. 14. 南アフリカのイースタンケイプでは、慢性的な貧困を引き起こすのは移動ではなく、むしろ移動過程の中にある社会的な搾取関係であった。権力関係は、土地、労働、保護といったカギとなる資源の入手の中にひそみ、特定の世帯や集団を周縁化し、力を失わせ、長期の貧困へ追いやる。

（4）Collyer, 2005, p. 256.

（5）Collinson, 2009, p. 15.

（6）*ibid.*, p. 9.

（7）Lindley, 2008, p. 10. 家族の一員が移住すべきだという決定は、移住費用（例えば家族の過去の農業労働、旅行費用、失業期間中に移住者を助ける費用）と移住による利益（定期的送金、地元の収入創出機会への投資、困難な時期に予測される援助）の計算に基づく。かくして、予想される送金額は移住の決定の一部となり、移住する人と残る家族の間の暗黙の約束となる。

（8）*ibid.*, pp. 5-6.

（9）*ibid.*, p. 9.

（10）Buscher, 2011, p. 17.

（11）一般的には、しばしば貧困の原因を他に求めるが、貧者は貧困のために貧しいのではなく、他の人々のために貧しい。分析を進めるには、関係のアプローチが必要となる。さらに歴史的に発展させられた経済、政治関係のプロセスの結果としての貧困という認識が大事である。全体理解には、社会過程や権力関係の考察が重要である。

（12）Collinson, 2009, p. 2.

（13）対応する三つの分析段階とは、以下のものである。①グローバル段階では、移住理論は難民を原因国、庇護国、定住国の間の国境を越えてつなぐものと見る。②国家段階では、通常、ホスト国の政策分析で、国家と難民の間の境界面が探られる。③市民社会の段階は、難民が始めたコミュニティ組織を研究するために、社会変化、物資の流通・動員を探る。経済的独立性を得るために難民が使う戦略とホスト国での難民活動による影響がある。

（14）Collinson, 2009, p. 4.

●第3章

（1）Fábos and Kibreab, 2007, p. 10.

（2）*ibid.*, p. 9. ＵＮＨＣＲは事情があって、南アフリカ政府に強くものが言えず、結果的に同政府の見方を支えることになっている、という見方がある。

（3）Montemurro and Walicki, 2010, p. 12.

（4）Furley, Obi and Crisp, 2002, p. 7, p. 12. ロシアだけで、推定約一五万人のアフガニスタン人がいると見られている。ＵＮＨＣＲに登録しているのは六〇〇〇人だけである。他の多くの人々はＵＮＨＣＲと接触せず、何とか生活していると見られる。同国では、外国人の保護は二次的な問題である。難民認定の手続きは極めて遅い。モスクワで二年を要する。難民は書類を欠くが、審査中は宙ぶらりんの状況に置かれている。旧ソ連圏のいくつかの国々では、難民に認定されても、社会経済の権利は居住登録と結びついているため、自動的に権利の行使とはなっていない。

（5） Jacobsen and Nichols, 2011, p. 15. 成功の理由は、彼らはナイロビに到着する時に、すでに都市での商いに長じており、賄賂を役人に支払うか、地元の仲介者を雇い、政策の抜け道を見つけることができる、社会的、金銭的な資本を所有している。どのような状況にあっても、資本と適切な技術を持つ人は、生きていける。

（6） 難民の生活が以前、農業依存だった場合には、農地があれば経済機会となり、破壊された生活からの安定につながる。しかし農業経験を持たない専門職や高学歴者には、キャンプでの生活は過酷で、士気を失わせる。キャンプには、雇用の場、高等教育や質の高い医療機会が全くなく、彼ら自身にも子供たちにも未来はない。

（7） Fábos and Kibreab, 2007, p. 7. 難民を受け入れているウガンダとＳＰＬＡの間のように、難民受け入れ国が解放勢力への協力者なら、受け入れ国は直接間接に、兵員調達や他の目的で、武装勢力が難民キャンプに入ることを許可する。これは、ウガンダにいる難民が都市へ移動する主な理由の一つとなっている。

（8） *ibid.*, p. 6.

（9） Karadawi, 1987, p. 126. しかし、技術を持つ難民は、スーダン人と同様に石油輸出国のサウジアラビアや湾岸諸国に移動しがちであった。

（10） Jacobsen, 2014, p. 106.

（11） Marfleet, 2006, p. 233.

（12） UNHCR, 1997, pp. 19–20. ＵＮＨＣＲ職員は一九九〇年代末まで、組織として都市難民を潜在的にもめ事を起こす人と見ていた（Obi and Crisp, 2001, p. 8）。そのため、「ＵＮＨＣＲ一九九七年三月文書」では、同機関の方策が厳しいことに鑑みて、難民側からの暴力的抵抗を予想していた。ＵＮＨＣＲは、一九八〇年代～一九九〇年代にベトナム難民に対しとられた「包括的行動計画」（ＣＰＡ）を念頭に、暴力的抵抗は避けられないとして教訓化しながら、実施上での絶対的な一貫性を説いていた。しかしこの見方は、二〇〇〇年代初めに改められ、まず最初に、個人の行動が心理的な問題かどうかを見ることになった。難民の懸念が正当であれば、ＵＮＨＣＲはそれに応じた解決策を探すべきだとされ、現在では修正されている。

(13) *ibid.*, p. 20.

(14) 難民に誤った期待を持たせた例として、スーダン難民の事例がある。一九八〇年、アメリカはアフリカ難民の定住計画を導入した。しかしスーダン政府は、アメリカが難民の受け入れを自国外交の道具として、独断で実施したことに反発。計画はまた、難民の間に誤った希望や期待を生み出し、わずかな人数だけしか受け入れられなかったために、難民に否定的な影響を与えた(Karadawi, 1987, p. 128)。

(15) Montemurro and Walicki, 2010, p. 12.

(16) Fagen, 2014, pp. 328-329. 数十年前、何百万人もの人々が残虐な紛争を逃れて、難民や避難民として、ハルツームや国内外の大都市へ移動した。彼らは多くが、良い未来が見えない中で、貧困と差別の困難な生活に耐えた。二〇〇五年に紛争が終結し、二〇一一年に南スーダンの独立が宣言されると、都市化した難民・避難民は祖国での農業の知識がほとんどないまま、自発的に、他は強制されて戻って行った。ウガンダ、ケニアの各都市からの自発的帰還者は直接、ジュバ(Juba)や他の町へ赴いた。人道機関はキャンプ内の人々をバスで村へ輸送した。しかし村の状況は原始的で、部族を背景とした暴力が広がり、社会サービスはなかった。期待は裏切られ、帰還民の多くが、町や都市へ第二次移動した。ジュバの人口は約二五万人(二〇〇五年)を数えた。土地価格は上昇し、市中心部は新着民の居住が禁止された。都市域の拡大には規制がなく、最密集地は周辺部となっている。水やサービスのインフラは乏しく、職業機会はない。農村部への大規模帰還には見通しと持続性がなく、部族衝突が発生している。

(17) International Detention Coalition, 2010, p. 1.

(18) Buscher, 2011, p. 21.

(19) Jacobsen, 2014, p. 108.

(20) Landau, 2014, p. 146.

(21) そうした計画は、二つの部分からなる。①一般の都市貧民への活動。②難民・避難民の特別の問題を対象とした活動。①は、都市再活性化計画で、都市貧民を対象に、自治体が、建築物の安全性強化、上水、衛生、保健サービス、学校、子供用の環境作り、地域の運動施設、コミュニティ・センターのような都市インフラの改善を行なうことである。計画は地元住民と同時に、難民・避難民の生活能力の樹立・向上を助け、物理的な安全を促す。計画には、収入創出のための小口金融計画や、都市環境に適した新しい技術を学ぶ、職業適性化訓練が含まれる。②は、難民・避難民への保護活動。焦点となるのは、法的問題で、証明書の取得を援助する。証明書は多くの脅威に対する脆弱性を減じ、経済機会の取得に平等さをもたらす。家主や雇用主による差別と闘えるよう、助けることも含まれる。援助は、難民・避難民の脆弱性に限っているが、彼らが地元住民から、特別待遇を受けていると見られないようにすることである。

(22) Obi and Crisp. 2001. p. 1. ＵＮＨＣＲは、一九九七年三月文書が都市にいる難民の法的地位と必要な保護に触れなかったことを自己批判している。

(23) UNHCR. 1997. p. 13.

(24) *ibid*., p. 10.

(25) Marfleet. 2006. pp. 224-225. 一九九五年文書では、掌握している都市難民の人数を五万六〇〇〇人とし、世界中には推定二〇万人いるとした。この小さな数字でさえ、ＵＮＨＣＲには大きな困難を引き起こした。同文書では、都市難民と庇護申請者の中には広範な人々を含み、そのうち何人かは庇護申請を全くしなかった。彼らは通常の移民（あるいは難民）の流れの一部で、生活困窮者、社会的なのけもの、良い機会の探求者など、難民の地位の認定が難しい人々が含まれていた。彼らは期待を持ち、満たされないと不満と暴力をふるった、と記されている。

(26) UNHCR. 2009. p. 14. 時期的にはずれるが、二〇〇〇年代初め、ＵＮＨＣＲのカイロの担当官は、極度に保守的な態度をとり、そのため多くのスーダン難民は申請を却下され、何万人もの人が難民認定に申請しなかった。難民たちによれば、彼らはＵＮＨＣＲに対し、信頼感がほとんどなく、審査で拒否されるのを怖れ、その結果、全ての定住計画から外れることになった。（Marfleet. 2006. p. 234）。

(27) Obi and Crisp. 2001. p. 9. 一九九七年三月文書の見直しは、ＵＮＨＣＲ内部で一九九七年一二月に決定されている。

(28) Landau. 2004. p. 10.

(29) Obi and Crisp. 2001, p. 1.

(30) Karadawi, 1987, p. 123を参照。

(31) Obi and Crisp. 2001, pp. 2-4.

(32) UNHCRのグローバルな都市政策での主な目的は、①都市は難民にとって、住み、資格ある権利を行使する正当な場所として認識する、②都市難民と彼らを支援する人道団体に保護を強める。これらの目的のカギとなる原則は、難民の権利、国家の責任、提携、ニーズ評価、平等、コミュニティの啓発、難民との相互交流、自立である(UNHCR, 2010, p. 3)。

(33) UNHCR, 2011a, p. 4.

(34) Guterres, 2010, p. 9.

(35) UNHCR, 2009, p. 3. UNHCRの政策は、難民の権利と彼らへの委任事項上の責任は、場所によって影響されないという原則に基づいている。UNHCRは、都市区域を難民が自分たちの権利を享受する正当な場所と認めた。

(36) Landau. 2014, p. 142.

(37) Crisp. 2010, p. 40. 参考までに、各都市で登録された難民人口(二〇一〇年八月現在)を次にあげる。デリー一万五五〇〇人(アフガニスタン人六五%、ビルマ人三一%)、カイロとアレクサンドリア三万九〇〇〇人(スーダン人五七%、イラク人一七%、ソマリア人一七%)で、エチオピア人、エリトリア人がわずかにいる。イエメンは、サヌアとアデンで、一七万一〇〇〇人(ソマリア人九五%、他はイラク、エチオピア、エリトリア、パレスチナから)が滞在している。

(38) *ibid.* UNHCRはシリア難民では、ダマスカス郊外に移動式の登録所を設けた。アンマン、ベイルートでは、UNHCR事務所近くに、それぞれ受け入れと登録の場が作られた。ダマスカスでは、二〇キロ郊外に登録場所が作られ、以下のような改善策がとられた。①混雑緩和と長時間の待ちを避けるため、予約制を採用。②コミュニティ・サービスと保護要員が常駐。③必要があれば、現場での緊急援助物資の配布。④子供にやさしい場づくり。⑤個々人対応の面接場所。⑥情報提供用のアラビア語のビデオ。⑦清潔で広い場所の確保、である。

（39）Joint IDP Profiling Service et al. 2013, p. 12.

（40）UNHCR, 2009, pp. 12-13.

（41）Ainsworth, 2007, p. 12, p. 45.

（42）Yacobi, 2010, pp. 49-50, pp. 54-55. イスラエルで問題となっているのは、民族的イデオロギーと広範な人権への責務の間のジレンマである。同国の考えは、メディアと政治家により作られ、複雑である。一方で、アフリカからの難民を、自ら第二次世界大戦前後のユダヤ難民と同一視し、部分的に普遍的人権への責務を感じ、他方で民族的優越・独占支配の強い論理を背景に、彼ら難民に外国人嫌いの強い態度をとっている。一九五一年以来、イスラエルはわずか一五〇人のみを難民として認めてきた。難民は一時居住の地位を与えられ、二年おきに更新する必要がある。

（43）*ibid.*, p. 54.

（44）Landau, 2004, p. 8.

（45）スーダンでは、難民条約に定められた旅行文書が導入され、パスポートと同じ効力を持った。更新可能で、スーダンにも戻ることができた。サウジアラビア、リビア、湾岸諸国への海外移住はＵＮＨＣＲの支援なしで行なわれた。アラブ諸国への移民は、学生、女性、子供で、家族との合流目的や病気治療のためであった。ただし欧州の国の中には、この旅行文書を認めない国があり、沢山の難民が、偽造したパスポートを使用した。難民の海外への渡航は、スーダンの負担を減らしたと見られる（Karadawi, 1987, p. 126）。

（46）Jacobsen and Nichols, 2011, p. 17, p. 23. タイでは移民労働者の登録制度があるが、主要な障害は、費用と官僚的な形式主義の弊害である。タイ北部の町メーソート（Mae Sot）では、多くの移民労働者が、当局の許可書を入手するために、保証人となる雇用主に有利な名義料を支払い、借金を負っている。

（47）Umlas, 2011, p. 17.

（48）Landau, 2004, p. 17.

(49) Jacobsen and Nichols, 2011, p. 17.
(50) Yacobi, 2010, p. 51.
(51) Jacobsen, 2014, pp. 105-106. 例えばエジプトは、約九万五〇〇〇人の難民を受け入れているが、キャンプに住むとは求めず、憲法で難民に労働を許可している。しかし労働法は、有効な定住許可を持つ外国人に労働許可を取得するよう求めている。外国人は、雇用保証人を見つけ、当局に申請料を支払わねばならない。一年間の労働許可書の費用は、国籍毎に違う。申請者はまた、自分の仕事がエジプト人にはできないことを証明せねばならない。大半の難民は熟練度が低いので、これは特に問題となる。難民はまた、他の法律のために、雇用されたり、商いを始めることが難しい。
(52) *ibid.*, p. 105. 正式書類は貧弱な体裁で、正式なものには見えない。手書きで読みにくく、破れやすい。難民の権利が守られるよう、当局は職員に書類の作成法その他を訓練する必要性が言われている。また警察官を訓練、支援して難民の権利について意識を高める必要がある。難民が提示する書類について十分に知らせ、都市に難民がいる理由と保護の必要を知らせることが大事である。さらに、無法地区で警察力を行使するよう、政府に依頼することが必要である。
(53) Umlas, 2011, p. 2.
(54) 人が家から逃亡し、財産を放棄したとき、特に他人がこれらの資産を主張し、多くの時間が経過したとき、所有権を取り戻すことは難しい。コロンビアでは国内避難民の家族のわずか四分の一が、元の資産を取り戻しただけだった(Jacobsen, 2014, p. 109)。
(55) Umlas, 2011, p. 15.
(56) Joint IDP Profiling Service et al. 2013, pp. 12-13. インド憲法は、政府に国際法を遵守する義務を課している。難民の地位の認定では、一般にＵＮＨＣＲの決定を尊重している。しかしインドで最も懸念されるのは、庇護の枠組みがなく、難民は一九四六年外国人法で扱われることである。同法は、入国、滞在、出国に対応する主要な法律だが、この法は、難民を特別な状況で管理される特別の地位を持つ外国人としては認識していない。それゆえ、同法は、難民を他の移民や外国人と同じようなやり方で扱っている。

(57) Umlas, 2011, p. 3, p. 5, p. 8. 難民は、他の全ての外国人と同じように、労働許可を入手せねばならない。難民・庇護民にとって実質上、不可能だというＮＧＯの声がある。加えてエジプトの政府官吏の場合には、難民は未熟練で、無学で、読み書きができず、貧しいエジプト人と職を競うと、初めから偏見の目で見ているふしがある。一方難民は、労働許可を知らず、許可書とは何で、仕事をするのをどう助け、どうしたら手に入るのか、知らないでいる。

(58) *ibid.*, pp. 3-4. 社会経済状況が厳しい中、難民が都市に滞在している。

(59) Landau, 2014, p. 147. ただしこのやり方は、介入による特定の効果の評価は難しく、短期に数量的な結果を求める人々を不満にさせるかもしれない。

(60) Furley, Obi and Crisp, 2002, p. 3.

(61) Strang and Ager, 2010, p. 594.

(62) Fábos and Kibreab, 2007, p. 8.

(63) Crisp, 2010, p. 41.

●第4章

(1) Pavanello and Montemurro, 2010, p. 57: UNHCR, 1997, pp. 1-2. ケニアの難民総数は二〇一〇年四月現在、三八万七三七二人。首都ナイロビに四万五二四六人がいる。ナイロビには、毎週三〇〇〜五〇〇人が到着する。大半はソマリア人である。難民はその他、エチオピア、エリトリア、スーダン、大湖地域の国々から来ている。ナイロビは、都市難民の問題を抱える著名な都市の一つである。

(2) Fahamu Refugee Legal Aid, 2011, p. 1.

(3) Jacobsen and Nichols, 2011, p. 16.

(4) Jacobsen, 2014, pp. 101-102. 生活調査は性質上、ミクロレベルで行なわれ、生活様式、家族やコミュニティとのつながりを経験的に調査する。生活の分析は、日々の生活と経験から出発するが、人々はどう歴史を作るかを探るだけではなく、人々の働きや能力を制限する要因も探らねばならない。統一された指標を使って、住宅事情、水利用、社会サービス（学校、保健、交通手段、警察など）の利用を明らかにすることである。

（5）UNHCR, 1997, p. 1.

（6）Jacobsen, 2014, pp. 107–109. 労働許可証、資格証明書等の様々な書類を入手するために、賄賂を支払う必要性が広く報告されている。南アフリカでは法律により、庇護申請が無料にもかかわらず、申請の際、料金を支払わねばならない。

（7）Landau, 2004, pp. 22–23.

（8）*ibid.*, p. 21.

（9）Fábos and Kibreab, 2007, p. 4; Ainsworth, 2007, p. 43, p. 50.

（10）Joint IDP Profiling Service et al. 2013, pp. 5–6, pp. 12–13.

（11）den Otter, 2007, pp. 49–50. バンコク在住の民間団体の要望としては、①UNHCRの都市難民の関連プロジェクトに資金と人材を増やすこと、②タイ政府は、彼らが逮捕・勾留されないよう、一時的に法的地位を与えること、③政府はUNHCRに、庇護を求める全ての人の登録を許可し、全ての人に難民認定の権利を認めること、がある。

（12）Jacobsen and Nichols, 2011, pp. 12–14.

（13）Landau, 2004, p. 25.

（14）Jacobsen, 2014, p. 107. 南アフリカではいくつかの銀行が、身分証明書の提示を免除し、難民や一時居住者に口座を開かせている。しかしこれは例外的な部類で、口座が開けない難民は常に現金を身につけねばならず、警察からの金の強要や犯罪者の標的にされている。

（15）*ibid.* バングラデシュ・コックスバザールのロヒンギャ難民の漁師は、漁具・漁網がなく、地元の富裕な網元からお金を借りている。市場の仲買人は難民漁師の魚を買うことを拒否している。理由は、借金の支払いのため、難民漁師は件の漁業者に最初に彼らの魚を売らねばならないことを知っているからである。良い魚は先にとられてしまう。網元は魚の値段を自由に決め、その値段は市場価格よりも安かった。難民漁師は借金に頼り続けるので、搾取は続く。警察が何らかの理由で、漁師を逮捕した時には、網元は彼らから得た金を保釈金にも使っている。
(16) Jacobsen and Nichols, 2011, p. 15. その形態は、口頭での罵倒（名前の呼びつけ、人種的中傷）や感情的嫌がらせ（職場、サービス利用、社会空間からの排除）から、物理的嫌がらせ（押す、ぶつかる、襲撃）、あるいはあからさまな強要（賄賂の強制、不当な勾留）がある。「アラブの春」や国政選挙のような政治危機のときには、外国人嫌いの感情が高まれば、難民への襲撃の危険が増す。
(17) Furley, Obi and Crisp, 2002, p. 10.
(18) Ainsworth, 2007, p. 48. エジプトのスーダン難民とのインタビューでは、ある難民は「昼か午後一時に起床し、鬱のため、沢山寝るばかりだ」、と述べたと報告されている。
(19) Jacobsen and Nichols, 2011, p. 14.
(20) Fagen, 2014, p. 336.
(21) UN-HABITAT, 2010, p. 1.
(22) Zetter and Deikun, 2011, p. 3.
(23) Landau, 2004, p. 20.
(24) Zetter and Deikun, 2011, p. 3.
(25) Guterres, 2010, p. 9.
(26) Deikun and Zetter, 2010, p. 7. 難民を探し出したり、その数を数えることは都市の状況によっては複雑で難しいので、難民を探し出すことにエネルギーを注ぐよりも、代わりに難民が住む地域に焦点を絞るのが良いかもしれない。
(27) Furley, Obi and Crisp, 2002, p. 14.
(28) Ainsworth, 2007, p. 53.
(29) *ibid.*, p. 8. 彼らは、スーダン南部から首都ハルツームへ、それからカイロにやってきた。

(30) Karadawi, 1987, p. 124.
(31) あるスーダン人の男性（二〇代、鬱状態にあり、食欲がない）は言う。「私は食料にはあまり注意を払わない。それは単に生存の問題で、アメリカへ行くまで生きていることである」（Ainsworth, 2007, p. 52）。また、ある三〇代の女性は、「外国へ行くこと以外は、何も食欲を起こさない。私が考える唯一のことは、この国を離れることだけだ」（同上）、と言う。
(32) Ainsworth, 2007, p. 62.
(33) Fábos and Kibreab, 2007, p. 7.
(34) Jacobsen and Nichols, 2011, p. 17. 都市ではむしろ、若い男性が逮捕、勾留で危険にさらされている。
(35) Umlas, 2011, p. 11.
(36) Fagen, 2014, p. 332.
(37) Strang and Ager, 2010, p. 598.
(38) *ibid.*, p. 597.
(39) Jacobsen and Nichols, 2011, p. 18.
(40) Fábos and Kibreab, 2007, p. 5.
(41) Umlas, 2011, p. 20.
(42) Jacobsen and Nichols, 2011, p. 21.
(43) Jacobsen and Landau, 2005, p. 52. これには住居の頭金、商売道具購入用の小額資金が含まれる。援助機関はまた、地元組織と協力して、文字の読み書き、専門技術の修得、高等教育機関への進学、信用貸しの保証などを助けることができる。すでにある地元住民用の制度との二重構造を避けるため、難民用の金融組織、学校、診療所の建設は避けねばならない。
(44) Joint IDP Profiling Service et al., 2013, p. 28.

（45） Jacobsen and Landau, 2003, pp. 8-9.
（46） Landau, 2014, p. 144.

第5章

（1） Davies and Jacobsen, 2010, p. 13.
（2） Deikun and Zetter, 2010, p. 5. 例えば、イエメン・アデンの難民とタイ・メーソートのビルマ難民は、資産も家族の収入も少なかった。
（3） *ibid*., p. 6. 追加的な影響因は、次の三点である。①政府はほとんど都市貧民を保護する能力を持っていない。②難民・避難民は益々、低湿地やゴミ処理場、不衛生な住居のような危険性の高い場所へ追いやられ、生活状況が悪化している。③上述の状況がさらに地域社会を多様な危険にさらすことになる。
（4） Yacobi, 2010, p. 66.
（5） den Otter, 2007, p. 49.
（6） Zetter and Deikun, 2011, pp. 1-2.
（7） Fagen, 2014, pp. 337-338. コロンビアでは、強力な薬物カルテルと社会のあらゆる次元で広範な汚職があることに加え、国内には四〇〇～五〇〇万人の国内避難民がいる。彼らはほとんどどの自治体にも存在している。小規模の自治体は、特に強い影響を受けている。各自治体は、時には住民を上回る数の避難民に対処するための資源と設備を欠いている。国は彼らの登録、援助、サービス供与の包括的な制度を作ったが、自治体は仕組みと資金管理が、極度に中央政府に集権化されている、と不満をもらしている。
（8） Zetter and Deikun, 2011, p. 50.
（9） Crisp, 2010, p. 40.
（10） ランダウ（Loren B. Landau）は、一般的な都市化および都市現象と、都市への強制移動民の研究を結びつける必要性を言う（Landau, 2004, pp. 2–3）。理由は、①難民研究者側の方法論上の問題と概念上での偏見があり、都市での避難民の経験と、都市への影響に焦点を合わせた研究がほとんどないこと。②分析には、都市研究で蓄積された理論、並びに方法論が使えること。都市研究での、避難、社会的・政治的周辺化、対応の生活戦略といった項目が使える。③難民居住地は、地元社会の社会、経済、政治過程から少なくとも公式に区別される一方、そうした区別が都市では全く意味を持たないこと。指定された建物や地域に住んでいても、必然的に地元の市場と社会サービスに依存することで、地元住民と相互に触れ合っているからである。難民の大半は住むのではなく、他の移民や地元住民の中に、むしろ一時滞在している。こうした人々の全部に影響する過程の中では、区別は分析上意味がない。

（11） Ferris, 2010, p. 39. コロンビアでは、「統一総合計画」（Unified Comprehensive Plans, PIUs）を作成し、国、地方、現場の間を調整したが、自治体は計画実施で遅れ、国内避難民を抱える自治体の二四％のみが計画を立ち上げたが、計画のあるところでさえ、実施は弱体であった。市の担当者によれば、避難民のデータはなく、中央と地方の関係が曖昧で、自治体には資金不足、能力不足があった。特に、住宅供給と社会経済の安定に懸念があった。避難民は低い学歴で、都市での職業獲得は難しかった。また彼らが帰還すると、帰還地では新たに家の建設・修復に費用がかかり、都市での援助費用よりも高価になった。

（12） Fagen, 2014, p. 337.

（13） Jacobsen and Landau, 2003, p. 52.

（14） *ibid.*, p. 3.

（15） Lyytinen, 2009, p. 26. ただし、目標設定には、非常に異なる二つの方法がある。①結果と指標。②過程と相互関係。①は明らかに計画の達成度を測る指標の開発。②は何がどのように事態を促進したか（あるいは妨げたか）の因果関係を解明する手法である。

（16） Crisp and Refstie, 2011, p. 8. 援助団体に求められるのは、次の点である。①巨大かつ急激な避難民流入に対し、都市計画で自治体を助ける。②「共に生きる・和解」プロジェクトで、差別や外国人嫌いに取り組み、社会統合を進め、難民、国内避難民、帰還民、住民のニーズに同時に対応する。③事業開発や職業訓練を通じて、避難民と彼らともに住む貧民を対象に能力を向上させる。④援助スタッフの技術向上と、自治体、市長、裁判官、警察に避難民への義務を持つことと、国際人道法を周知できるようにする。⑤自立の可能性で、より現実的になること。⑥登録や面接手続きを改善し、避難民の意図、期待、必要物についてもっと知るようにする。⑦UNHCRやNGOは新しい関係を作り上げること、である。

(17) Refugee Studies Centre, 2010, p. 10. 特に、開発に対し移民送金が肯定的な働きをしている点である。

(18) Lytinen, 2009, p. 3, p. 8. 都市構造への避難民の受け入れ・吸収に当たっては、四つの戦略が使いうる。①インフラとサービスの開発。②周辺化された都市貧民層への持続的な経済機会の創出。③良い統治の奨励。④避難民自身の対応戦略を向上させること、である。

(19) Fagen, 2014, p. 338.

(20) Lytinen, 2009, p. 24.

(21) *ibid.*, pp. 22-23.

(22) *ibid.*, p. 19 & pp. 20-22. 避難民の帰還希望者の数は、彼らが元々どこから来たかによって異なる。ソマリア・モガジシュの避難民の大半は、暴力があるにもかかわらず、決して都市を離れようとしない。主な理由は、逃げ出すにも再定住するにも、その資源がないためである。ハルツームでは、避難民は、現地統合を二番目の恒久的な解決策として考えている。紛争で逃亡を誘発された避難民は、他の旱魃による移民や、自分の意思による移民よりも、ハルツームに留まることを望んでいた。

(23) Fagen, 2014, p. 338. UNHCRは、国連クラスター制度（UN Cluster System）の中で、姉妹関係の開発機関や人道機関としばしば提携している。制度の監督調整機関は、「機関間常設委員会」（Inter-Agency Standing Committee, IASC）。IASCは所属メンバーを助ける *Meeting Humanitarian Challenges in Urban Areas*（2011）という戦略文書を出した。文書では、機関間の経験と能力、提携を作り出し、中央、地方政府と協力し、世界の半分以上が都市に住むという現実の中で、新しい考え方や参考となる良い事例を見つけ出す重要性を強調している。ＩＡＳＣは、追い立て、伝染病、都市暴力、住宅不足、食糧危機の問題が特に都市住民には脆弱性を与えるとした上で、避難民から都市貧民の慢性的ニーズを区別することは、極度に困難な密集した都市状況の中ではむずかしく、人道援助の必要な場所を見出し、評価し、目標とするのは困難だと認めている。

（24） Refugee Studies Centre, 2010, p. 23.

（25） *ibid.*, p. 22.

（26） *ibid.*

（27） Ainsworth, 2007, p. 51.

（28） Fagen, 2014, pp. 327-328.

（29） Umlas, 2011, p. 18; and Crisp, 2010, p. 41. シリアのイラク難民の援助で、ＵＮＨＣＲは特定の支援グループ作りを通じて、難民社会の人材を動員している。人員は約七五名で、あらゆる階層、年齢層にわたり、難民が住む都市および周辺の全ての地域から選ばれた。彼らは、資格を持つ難民ボランティアで、保健医療、精神医療、孤児を担当し、個別に訪問して同胞にサービスについて助言している。女性が選ばれた理由は、文化的な理由と移動しても治安上の危険が少ないこと、脆弱者の大半が女性であることが背景にあった。彼らは特に脆弱な難民を訪問し、見つけ出してＵＮＨＣＲに知らせる。難民にカウンセリングを行ない、物資を援助し、情報を与えている。

（30） Jacobsen and Nichols, 2011, p. 22.

（31） Zetter and Deikun, 2011, pp. 2-3.

（32） Crisp, 2010, p. 41. シリアのイラク難民の場合に、ＵＮＨＣＲはイラクその他からの難民や地元住民を対象に、サービス、カウンセリング、情報を利用し、娯楽活動に参加し、交流を深めるコミュニティ・センターの設立を進めた。センター自体は知られるようになったが、比較的少数の人が常時利用するという懸念が残った。イラク人男性の中には、妻や娘がセンターに行くのを許さなかった。他方、多くの難民は、家を離れ近隣に出かけたりすることもなく、またセンターに行く費用が払えなかった。同じくヨルダンでは、ＵＮＨＣＲはコミュニティ・サービス機能と保護、計画事業の統合を図った多機能型チームをスタッフで作った。チームの主たる任務は、実施グループの活動を監視・評価し、グループが自ら決定を下せるようにすることであった。

（33）「絆」は、難民という経験をすると、決定的に優先する事柄となる。近親者と合流することは、第一の緊急性がある。マルタに漂着した難民の多くは、家族の安否が不明で、悩みが非常に深かった。家族が安全とわかるまで、統合については考えることができない。難民は家族と一緒に住むため、状態が劣る住居へさえ移動する（Strang and Ager, 2010, p. 596）。

（34）Strang and Ager, 2010, p. 594.

（35）*ibid.*, p. 599. イギリスでの近年の統合政策は益々、市民であることの具体的な証明を強調し、市民権の申請者はコミュニティ活動に参加することで、彼らの関与の意思を証拠として示すべきだとしている。

（36）*ibid.*, p. 594.

（37）*ibid.*, p. 595.

（38）Ainsworth, 2007, p. 33.

（39）社会的つながりを構成するのは、絆、橋渡し、連関（連鎖）の三つである。これらは、非常に効果的な対話手段である。

（40）Strang and Ager, 2010, pp. 601–602.

（41）*ibid.*, p. 602.

第6章

（1）Fagen, 2014, p. 328. カブールの人口は、二〇〇一年の約一〇〇万人から、二〇一〇年には四五〇万人以上となった。推定によれば、カブール人口の八〇％は、帰還した難民、国内避難民、移民である。

(2) Lyytinen, 2009, p. 2.

(3) 国連の機関間常設委員会の作業部会の「都市区域での人道課題の充足についての特別委員会」が、二〇一〇年一一月にローマで最終報告書を承認し、二年間の行動計画を認めている。その主旨によれば、人道援助者に都市での人道危機に一層効果的な対処法を促すことであった。計画では、全ての国際主体が、委任事項、危機の形態に対応することであり、特に次の四点を強化することが意図された。①協調、②受け入れ国の中央、地方政府の指導力、③脆弱性の理解と分析、④地域コミュニティの強靭性と受益者の特定、である。

(4) Fábos and Kibreab, 2007, p. 6.

(5) Davies and Jacobsen, 2010, p. 15. コロンビアでは、国際社会が国内避難民の権利保護の目的で、政府の組織改革を支援した。

(6) Yacobi, 2010, p. 47.

(7) Ainsworth, 2007, p. 52.

(8) Refugee Studies Centre, 2010, p. 10.

(9) ある状況では、統合は〝同化〟と同義語かもしれない。近年、アメリカは入管政策の中で、同化の概念を再考し、新たに概念を生かす試みが出てきた。すなわち、民族集団が明確なアイデンティティを保ちつつ、市民として国の目標に関与する手段として、同化の議論が出てきた。しかし、アメリカの文脈では、人種、富の分配への不平等性があるために、社会的な凝集性に大きな影響を与えており、そうした中では、まだ社会への組み込み、主流社会といった中心概念は存在している（Strang and Ager, 2010, p. 592）。

(10) Furley, Obi and Crisp, 2002, p. 11.

(11) Fábos and Kibreab, 2007, p. 4.

(12) Obi and Crisp, 2002, p. 4.

終章

（1） Jacobsen and Landau, 2003, p. 1.

（2） *ibid.*

（3） 例えば、Landau, Loren B., 2014, p. 145を参照。

（4） *ibid.*

（5） Refugee Studies Centre, 2010, p. 10.

あとがき

様々な危機を逃れて移動する人々は数を増し、自国や他国の都市に定着している。彼らは大、中都市の極貧地区に移り、都心から離れた非正規の定住地に住んでいる。そこは、地方当局が名ばかりの管理をする場所にすぎない。行政サービスは欠如し、状況は不安定で危険である。都市の生活に適応するのは、新着者全員に課題な一方、経済的に恵まれない人々にとっては、都市での適応がうまくできなくても、もう戻ることができない。彼らを守る安全な制度は十分ではなく、彼らが求める物質的、心理的な必要物は緊急性があるが、彼らの住環境が都市貧民と似ているため、対象として絞ることは難しい。

明らかなことは、逃亡を余儀なくされ、都市にたどり着いた人々は、一時的な滞在以上になることである。地方自治体や国は、彼らを統合する道を見つける必要がある。政策立案で考えねばならないのは、中・長期的な統合を視野に入れて、到着後、特別の不利益を被った難民・避難民グループの必要物にどのようにすれば合わせられるかを考えることである。

重要な点は、最終的な落ち着き先を待つ間、読み書き能力、言葉、職業上の技能のギャップを埋める計画を立て、支援することである。国や地方自治体は、現在および将来の人口増大に懸念を感じ、仕組みを強化せねばと考えているので、自治体の統治能力を強化し、環境リスクを削減することの支援を必要としている。物理的な力で事業を進めるのではなく、計画の実施にあたっては、世界銀行で長く使われてきている定住指針に基づいて行なうようにされる必要がある。

†シリア難民とEU

近年は、中東やアフリカからの移民・難民の欧州への移動が大きな話題となった。難民は欧州の外に、膨大な数で存在していた。シリア難民の一〇分の九以上が、トルコ、レバノン、ヨルダン、エジプト、イラクの五ヵ国にいた。レバノンの人口の約四分の一は難民であった。

しかし、例えばトルコのように庇護民が最初に到着した国で、受け入れ制度がなかったり、その国に定住・統合される見込みがなければ、庇護民の第二次移動が起きる。そのことを防ぐためには、各国の協力という方法がEU二八ヵ国全体の緊急課題であった。しかし実際には、公正で効果的な方法にはいたらず、国々の間で明らかに対処方針をめぐって立場を異にし、まとまらなかった。

欧州各国は自国の領土内で、難民や移民への責任を持つだけではなく、国際難民法が国際的な負担分担に依存していることとは違う対応をした。全ての欧州国家は一九五一年国連難民条約で定められた難民だけでなく、国際人権法や慣習的な国際法の下で、強制帰還から人々を守る責任があった。もし人々が無理に押し戻されれば、深刻な人権侵害を加えられる怖れがある全ての人々を守る、ノン・ルフールマン原則の明確な義務があった。

移動の自由や庇護を求めることは、基本的な権利である。基本的な人間ニーズに合致し、問題の解決にいたる安全で長続きする環境を作ることが求められていた。EU各国には、委任された割り当てにどう応え、世界中の難民と庇護民の引き受けを増やせるか、また効果的、効率的で公正な審査（難民認定の審査）をしている間、治安をどのように守るかが課題として存在していた。そして、難民と認められ、定住が許されたら、新しい社会に十分に統合されるためにはどんな援助が必要かということがあった。

欧州の地域統治の観点から言えば、理論上は、欧州に流入した人々に一時保護と、関連の負担分担を行ない、シリア等を逃げ出した人々を保護するべきであった。しかし実際上は、政治的な分裂・対立があって、実施は困難であった。具体的には、庇護申請の増加と申請場所に偏りがあり、国際的な義務の点から、効果的な負担分担がないことが問題点としてあげられた。

†ギャップを埋める地域での取り組み

現代の世界では、強制移動全体を俯瞰して、危険を事前に予測したり防止するための指針については合意がない。定住でどんな基準が必要となるかはわからない。劇的な逃亡は、難民として受け入れられ、統合されるまでの長い旅の始まりにすぎない。

入国した人々に刑事法の適用が進み、世論に移民・難民を犯罪者と思わせる主張や、彼ら難民の権利を減らし、烙印を押す動きがある。国際保護の必要な人を見出し、公正で迅速な手続きを実施する必要がある。

移住と庇護の審査過程を秩序立ったものにし、人間性に重きをおいたやり方をする上で、国際法や地域の法律は有効である。国内的に難民関係法へのつながりがあれば、難民制度はギャップを埋めるために解釈を拡大することができる。「庇護民に関するカルタヘナ宣言」(the 1984 Cartagena Declaration on Asylum Seekers) は、難民と国内避難民が全ての地域にあふれた南アメリカでの地域的な取り組みであった。主たる成果は、国際難民法の限界を補い、地域の慣習法を具体化した。同時に、国内避難民への認識を高めることに役立った。近年は、論議はあるが、「アフリカにおける国内避難民の保護と援助のアフリカ連合条約」(the 2009 African Union Convention for the Protection and Assistance of Internally Displaced Persons in Africa、別名カンパラ条約)がある。

†庇護国定住と第三国定住

国際難民制度の中で、逃亡・避難への三つの解決策のうち、庇護国定住が最もわかりにくい。難民が庇護社会に法的、社会的、文化的に統合される点で、成果を評価する上で課題が多い。計画の立案者はしばしば、避難した人々の文化を資源と見るよりも、成功への障害物と感じてきた。

庇護国定住と第三国定住は、難民・庇護民といった強制移動の人々への政策上の解決策として研究されているが、これらの解決には、同じような課題がある。職をめぐる競争、土地所有権、文化的・言語的な同一性(ないし相違性)、差別、潜在的な軋轢、外国人嫌いの暴力がある。

定住は多くの難民が思うように、バラ色であろうか。難民からの見方では定住は疑いもなく最も一般的な解決策である。しかし、定住には適応上で数多くの課題がある。言葉の問題は深刻で、特に高齢者が苦労する。意思の疎通ができないために無気力になり、付き合いをせず、日々の生活が制限され、経済活動もできない。数少ない例外を除き、ほとんど全ての定住難民は以前の生活技術を捨て、新しく収入の道を探らねばならない。その過程は、雇用、住居、教育、そして社会的・心理的生活など、生活の様々に異なる分野で発生する。その過程は、受け入れ社会と新着者の相互交流に関わる。

†権利の容認は社会の利益になる

受け入れ国政府は、難民・避難民の受け入れで数多くの政治的、経済的、社会的圧力に直面するが、自国民に対し、難民に権利を与えることは害ではなく、国にとって利益になることを示すことができなければならない。難民の労働権の場合には、難民が安全で正規の雇用が許可された場合には、利益となる証拠がある。オーストラリアに逃れたベトナム難民は、タイがビルマ難民との国境越え貿易で利益を得たように、オーストラリアとベトナムの間の貿易を発展させる上で、大きな役割を果たした。ベトナムに戻った人とオーストラリアに残った人の間で、両国の政治関係にかかわらず、貿易取引が進んでいる。

アメリカとキューバの関係が、敵対的であった場合でさえ、両国間の貿易は帰国者とアメリカ残留者の間で起きている。南米エクアドルはまた、人的資源の流入で難民による利益を得た国である。二〇〇八年以来、憲法は賃金労働で、国民と同等の扱いをし、自営業も認めた。同国は二〇〇八年九月から、現在まで着実な経済成長をしている。

難民はまた、知識や技術をもたらす。ギニアでは、難民が地元民に稲作を紹介し、それまで耕作不能だった土地を利用できることになった。ネパールでの難民は、重要な現金作物であるカルダモンの栽培技術を紹介している。その他、農業以外にも難民の中には専門技術や商いの技能を持つ人がいる。

仕事の機会がある都市へ難民が動く時、難民の人的資源は極大化される。受け入れ社会は、社会サービスや環境保全の費用を上回る税収の増加と、新しい職業機会の創出という形で利益を得る。商品やサービスを購入した難民は、地域内での需要を増やし、受け入れ国の経済に利益を与えている。

実際上、難民は新しい仕事を始める傾向があり、職の機会を減らすよりも増やしている。難民は民間企業に雇われたり、経済活動で自分たちの技術を使っている。

また労働し、随時帰国が可能な場合には、難民は祖国に資金をもたらしている。お金が貯まれば、早めに帰国することもある。彼らは、受け入れ政府やドナー国からの経済援助に頼るよりも、祖国での生活に戻って生計を立てる手段を持つようになる。これは、帰国者を受け入れる母国の能力を増すことにつながる。望ましいのは、人間中心の計画で、現地固有の技術、仕組みの革新、企業家活動が行なわれることである。

難民の雇用を禁じる政策は、技術を持つ個人に無為を強いる。彼らに職の機会を与え、技能維持を認めることは受け入れ国にとっては果実が期待できる。難民が働けば、受け入れ国の経済は利益を得る。経済成長と政治的安定を求める国は、難民に職業機会を与え、関連する諸権利を認めるべきであろう。

† 難民は社会的主体

定住は、政治的に周辺化された人々への解決手段として使われてきたが、最良の時でさえ、政治意思や資金の動員は難しいかもしれない。難民への所得創出活動を考え、土地の供給と適切な住居を手配し、被災民の権利を考えねばならない。相談の制度が確立され、保護の原則が守られねばならない。基準と指針が必要なゆえんである。

定住は状況にもよるが、一般に最後の手段とみなされるべきだし、適切に資金の手当てがなされ、時間的にも十分な余裕をもって計画が準備され、明確な指針の下に熟練したスタッフが実施すべきであろう。受け入れ国やNGOが提供する、すぐに必要で役立つ援助は、その後に続く複雑な統合政策や統合過程での様々な次元と適切な連続性をもって実施されねばならない。

定住は複雑な社会過程であり、地域で彼らが活動的で、一貫性と機能性を再び取り戻せるように支援すべきである。定住者の適応過程の中で、社会制度の面、例えば彼ら独自の社会連絡網を理解することは、貧困リスクと闘う、彼らの社会・文化的に特有な状況を見出す上で重要であろう。定住過程を見る上でカギとなる要因は、難民・避難民は権利と資格を備え、自分の考えを持って活動する社会的な主体だということである。そのことは、どのような避難状況においても計画の立案、実施の際考えられねばならない。

†難民の声に耳を傾ける

国際難民制度という、国家と官僚制度が優越する場所で、生存のために適応し、抵抗し、強靭さを示す強制移動民の聴かれることのない声に耳を傾ける必要がある。難民が声を出すことの意味は、物事を単に明確に表出するためだけでなく、対話の必要性である。声を持つことと聴かれることには違いがある。難民に声を出すように勧めることは一つの次元だが、声が何を言っているかを真摯に聴くことは、より深い意味がある。

難民研究をはじめ、大半の学問研究と人道活動は、難民・強制移動民へのアプローチで国家段階での見方をしている。人々は領土に結びつけられ、人道活動は原因国、庇護国ないし第三国での再定住が言われる。難民は自国を愛し、自国に戻ることを求めるという〝家〟という架空の考え方がある。迫害や差別、極度の人権侵害を過去に経験した場所に戻りたくないという考えも、難民の中にはある。異質／親しみ、市民／非市民といった単純な二分法は根拠があやふやで、危険な道である。

現在の避難の状況は、今ある強制移住理論や大半の人道援助措置にはそぐわない。また首尾一貫し、統合されたグローバル統治の枠組みが存在していない。原因国、目的国、周辺国、各国政府、実業界そして市民社会といった、カギとなる全ての行為者の役割を明確にする必要がある。制度化し実施するにあたり、国際合意を進め、今ある制度をより良く機能させる上で、創造性が求められている。難民・強制移動民に対する見方や考え方への認識を変えることが緊急に必要となっている。

最後に、ナカニシヤ出版編集部の米谷龍幸氏には、本書を作成する上で大変お世話をいただいた。同氏の丁寧な編集と的確な助言は、とりわけ貴重なものであった。記して、感謝の言葉を表したい。

小泉康一

二〇一六年九月

Yacobi, Haim (2010), "'Let Me Go to the City': African Asylum Seekers, Racialization and the Politics of Space in Israel", *Journal of Refugee Studies*, Vol. 24, No. 1, Oxford University Press, pp. 47-68.

Weiner, Myron (1996), "Ethics, National Sovereignty and the Control of Immigration", *International Migration Review*, Vol. 30, No. 1, the Center for Migration Studies of New York, pp. 171-197.

Zetter, Roger and Deikun, George (2011), "A new strategy for meeting humanitarian challenges in urban areas", *Forced Migration Review*, No. 38, Refugee Studies Centre, University of Oxford, pp. 48-50.

小泉康一（1998），「難民」とは何か，三一書房

――――（2005），国際強制移動の政治社会学，勁草書房

――――（2009），グローバリゼーションと国際強制移動，勁草書房

――――（2013），国際強制移動とグローバル・ガバナンス，御茶の水書房

――――（2015），グローバル時代の難民，ナカニシヤ出版

den Otter, Vera (2007), "Urban Asylum Seekers and Refugees in Thailand", *Forced Migration Review*, No. 28, Refugee Studies Centre, University of Oxford, pp. 49-50.

Pavanello, Sara and Montemurro, Mazia (2010), "Displacement in urban areas: implications for humanitarian action", *Forced Migration Review*, No. 34, Refugee Studies Centre, University of Oxford, p. 57.

Refugee Studies Centre (2010), *Forced Migration Research and Policy: Overview of current trends and future directions*, Oxford Department of International Development, University of Oxford.

Strang, Alison and Ager, Alastair (2010), "Refugee Integration: Emerging Trends and Remaining Agendas", *Journal of Refugee Studies*, Vol. 23, No. 4, Oxford University Press, pp. 589-607.

Sutherland, Peter D. (2014), "Foreword on migrants in crisis", *Forced Migration Review*, No. 45, Refugee Studies Centre, University of Oxford.

Tibaijuka, Anna (2010), "Adapting to urban displacement", *Forced Migration Review*, No. 34, Refugee Studies Centre, University of Oxford, p. 4.

Troeller, Gary (2008), "Asylum Trends in Industrialized Countries and Their Impact on Protracted Refugee Situations", in *Protracted Refugee Situations: Political, Human Rights and Security Implications*, edited by Loescher, Gil, Milner, Newman and Troeller, Gary, United Nations Press, pp. 43-68.

Umlas, Elizabeth (2011), *Cash in hand: Urban refugees, the right to work and UNHCR's advocacy activities*, UNHCR Policy Development and Evaluation Service, Geneva.

UN-HABITAT (2010), *Urban Trends: Refugee Cities*, Nairobi, Kenya.

UNHCR (1997), *UNHCR Comprehensive Policy on Urban Refugees*, Geneva.

——— (2009), *UNHCR policy on refugee protection and solutions in urban areas*, Geneva.

——— (2010), *UNHCR Urban Refugee Policy in Nairobi*.

——— (2011a), *Promoting Livelihoods and Self-reliance: Operational Guidance on Refugee Protection and Solutions in Urban Areas*.

——— (2011b), *Urban Refugees: Trying to Get By in the City*, Geneva.

——— (2012), *The State of the World's Refugees: In Search of Solidarity*, Oxford University Press.

——— (2014), *Update on UNHCR Law and Policy from the Division of International Protection*, Geneva.

University of Oxford.

Loescher, Gil (2001), "The UNHCR and World Politics: State Interests vs. Institutional Autonomy", *International Migration Review*, Vol. 35, No. 1, the Center for Migration Studies of New York, pp. 33-56.

Lyytinen, Eveliina (2009), A Tale of Three Cities: Internal Displacement, Urbanization and Humanitarian Action in Abidjan, Khartoum and Mogadishu, *NEW ISSUES IN REFUGEE RESEARCH*, Research Paper No. 173, UNHCR Policy Development and Evaluation Service, Geneva.

Marfleet, Philip (2006), *Refugees in a Global Era*, Palgrave Macmillan.

Marfleet, Philip and Chatty, Dawn (2009), Iraq's Refugees: Beyond 'Tolerance', *Forced Migration Policy Briefing*, No. 4, Refugee Studies Centre, University of Oxford.

Martin, Susan (2001), "Forced Migration and Professionalism", *International Migration Review*, Vol. 35, No. 1, the Center for Migration Studies of New York, pp. 226-243.

Martin, Susan, Schoenholtz, Andrew, I. and Fisher, David (2005), "The Impact of Asylum on Receiving Countries", in *Poverty, International Migration and Asylum*, edited by George J. Borjas and Jeff Crisp, pp. 99-120.

Milner, James and Loescher, Gil (2011), Responding to Protracted Refugee Situations: Lessons from a Decade of Discussion, *Forced Migration Policy Briefing*, No. 6, Refugee Studies Centre, University of Oxford.

Montemurro, Marzia and Walicki, Nadine (2010), "Invisibility of urban IDPs in Europe", *Forced Migration Review*, No. 34, Refugee Studies Centre, University of Oxford, pp. 11-12.

Murray, Colin (2001), *Livelihood Research: Some Conceptual and Methodological Issues*, Background Paper No. 5, Chronic Poverty Research Centre, University of Manchester.

Obi, Naoko and Crisp, Jeff (2001), *Evaluation of the implementation of UNHCR's policy on refugees in urban areas*, UNHCR Evaluation and Policy Analysis Unit, Geneva.

——— (2002), *UNHCR policy on refugees in urban areas: Report of a UNHCR/NGO workshop*, UNHCR Evaluation and Policy Analysis Unit, Geneva.

Oliver-Smith, Anthony and de Sherbinin, Alex (2014), "Resettlement in the twenty-first century", *Forced Migration Review*, No. 45, Refugee Studies Centre, University of Oxford.

key points for consideration, pp. 1-3.
Jacobsen, Karen (2006), "Editorial Introduction", *Journal of Refugee Studies*, Vol. 19, No. 3, Oxford University Press, pp. 273-286.
——— (2014), "Livelihoods and Forced Migration", in *The Oxford Handbook of Refugee and Forced Migration Studies*, edited by Fiddian-Qasmiyeh, Elena, Loescher, Gil, Long, Katy and Sigona, Nando, Oxford University Press, UK, pp. 99-111.
Jacobsen, Karen and Nichols, Rebecca Furst (2011), *Developing a Profiling Methodology for Displaced People in Urban Areas, Final Report*, Feinstein International Center, Tufts University, USA.
——— (2012), *Developing a Profiling Methodology for Displaced People in Urban Areas*, Feinstein International Center, Tufts University, USA, pp. 1-4.
Jacobsen, Karen and Landau, Loren (2003), Researching refugees: some methodological and ethical considerations in social science and forced migration, *NEW ISSUES IN REFUGEE RESEARCH*, Working Paper No. 90, Evaluation and Policy Analysis Unit, UNHCR.
——— (2005), "Recommendations for urban refugee policy", *Forced Migration Review*, No. 23, Refugee Studies Centre, University of Oxford, p. 52.
Joint IDP Profiling Service *et al.* (2013), *Urban Profiling of Refugee Situations in Delhi: Refugees from Myanmar, Afghanistan and Somalia and their Indian Neighbours: A Comparative Study*, Geneva.
——— (2014), *Guidance for Profiling Urban Displacement Situations: Challenges and Solutions*, Geneva.
Karadawi, Ahmed (1987), "The Problem of Urban Refugees in Sudan", in *Refugees: A Third World Dilemma*, edited by Rogge, John R., Rowman & Littlefield Publishers, pp. 115-129.
Koser, Khalid (2004), "Reconciling Control and Compassion?: Human Smuggling and the Right to Asylum", in *Refugees and Forced Displacement*, edited by Newman, Edward and van Selm, Joanne, United Nations Press, pp. 181-194.
Landau, Loren B., (2004), *FMO Research Guide: Urban Refugees*.
——— (2014), "Urban Refugees and IDPs", in *The Oxford Handbook of Refugee and Forced Migration Studies*, edited by Fiddian-Qasmiyeh, Elena, Loescher, Gil, Long, Katy and Sigona, Nando, Oxford University Press, UK, pp. 139-150.
Lindley, Anna (2008), *Conflict-Induced Migration and Remittances: Exploring Conceptual Frameworks*, Working Paper Series, No. 47, Refugee Studies Centre,

Migration Review, No. 34, Refugee Studies Centre, University of Oxford, p. 13.

Deikun, George and Zetter, Roger (2010), "Meeting humanitarian challenges in urban areas", *Forced Migration Review*, No. 34, Refugee Studies Centre, University of Oxford, p. 13.

Fábos, Anita and Kibreab, Gaim (2007), Urban Refugees: Introduction, *Refuge*, Vol. 24, No. 1, the Centre for Refugee Studies, York University, pp. 3-10.

Fagen, Patricia Weiss (2014), Flight to the cities: Urban options and adaptations, in *Humanitarian Crises and Migration: Causes, consequences and responses*, edited by Martin F., Susan, Weerasinghe, Sanjula and Taylor, Abbie, Routledge, London, pp. 325-345.

——— (2014), "Flight to the cities", *Forced Migration Review*, No. 45, Refugee Studies Centre, University of Oxford.

Fahamu Refugee Legal Aid (2011), *Bulgaria and UNHCR's urban refugee policy*, Fahamu Refugee Legal Aid Newsletter, pp. 1-2.

Feinstein International Center (2012), *Refugee Livelihoods in Urban Areas: Identifying Program Opportunities, Recommendations for Programming and Advocacy*, Tufts University.

——— (2012), *Developing a Profiling Methodology for Displaced People in Urban Areas*, Tufts University, USA.

Ferris, Elizabeth (2010), "The role of municipal authorities", *Forced Migration Review*, No. 34, Refugee Studies Centre, University of Oxford, p. 39.

Fielden, Alexandra (2008), Ignored Displaced Persons: the Plight of IDPs in Urban Areas, *NEW ISSUES IN REFUGEE RESEARCH*, Research Paper No. 161, Policy Development and Evaluation Service, UNHCR.

Furley, Kemlin, Obi, Naoko and Crisp, Jeff (2002), *Evaluation of UNHCR's policy on refugees in urban areas, Report of a workshop, Moscow*, UNHCR Evaluation and Policy Analysis Unit, Geneva.

Guterres, António (2010), "Protection challenges for persons of concern in urban settings", *Forced Migration Review*, No. 34, Refugee Studies Centre, University of Oxford, pp. 8-9.

Harrell-Bond, Barbara (2006), "Along the way home", *Politics*.

Harris-Rimmer, Susan (2010), Refugees, Internally Displaced Persons and the 'Responsibility to Protect', *NEW ISSUES IN REFUGEE RESEARCH*, Research Paper No. 185, Policy Development and Evaluation Service, UNHCR.

International Detention Coalition (2010), *Alternatives to Immigration Detention:*

参考文献

Ainsworth, Peroline (2007), *Refugee Diet in a Context of Urban Displacement*, FMRS Working Paper No. 8, the American University in Cairo.

Arnold-Fernández, Emily and Pollock, Stewart (2013), "Refugees' rights to work", *Forced Migration Review*, No. 44, Refugee Studies Centre, University of Oxford.

Betts, Alexander (2014), "The global governance of crisis migration", *Forced Migration Review*, No. 45, Refugee Studies Centre, University of Oxford.

Buscher, Dale (2011), "New Approaches to Urban Refugee Livelihoods", *Refuge*, Vol. 28, No. 2, the Centre for Refugee Studies, York University, pp. 17-29.

Chimni, B. S. (1998), "The Geopolitics of Refugee Studies: A View from the South", *Journal of Refugee Studies*, Vol. 11, No. 4, Oxford University Press, pp. 350-374.

Collinson, Sarah (2009), *The Political Economy of Migration Processes: An Agenda for Migration Research and Analysis*, Working Paper No. 12, International Migration Institute, University of Oxford.

Collyer, Michael (2005), "The Search for Solutions: Achievements and Challenges", *Journal of Refugee Studies*, Vol. 18, No. 3, Oxford University Press, pp. 247-257.

Couldrey, Marion and Herson, Maurice (2010), "From the editors", *Forced Migration Review*, No. 34, Refugee Studies Centre, University of Oxford, p. 2.

Crisp, Jeff (2003), "Refugees and the Global Politics of Asylum", in *The Politics of Migration: Managing Opportunity, Conflict and Change*, edited by Spencer, Sarah, the Political Quarterly Publishing, pp. 75-87.

——— (2008), Beyond the Nexus: UNHCR's Evolving Perspective on Refugee Protection and International Migration, *NEW ISSUES IN REFUGEE RESEARCH*, Research Paper No. 155, Policy Development and Evaluation Service, UNHCR.

——— (2010), "Surviving in the city", *Forced Migration Review*, No. 34, Refugee Studies Centre, University of Oxford, p. 40.

Crisp, Jeff and Refstie, Hilde (2011), The Urbanisation of Displaced People, *CIVIS*, No. 5, Cities Alliance, Washington, DC, USA.

Davies, Anne and Jacobsen, Karen (2010), "Profiling urban IDPs", *Forced*

人名索引

ま行

や行

ら行

わ行

な行

は行

た行

か行

事項索引

（「都市難民」は全編にわたって頻出するため項目としては挙げていない）

▒著者略歴

小泉康一（こいずみ・こういち）

1948 年　仙台市に生まれる

1973 年　東京外国語大学インドシナ科卒業

1977 年　東京外国語大学大学院修士課程修了

国連難民高等弁務官事務所（UNHCR）タイ駐在プログラム・オフィサー，英オックスフォード大学難民研究所客員研究員，ジュネーヴ大学国際関係高等研究所客員研究員

現　在　大東文化大学国際関係学部教授

専　攻　難民・強制移動民研究

主　著　『「難民」とは何か』（三一書房，1998 年），『国際強制移動の政治社会学』（勁草書房，2005 年），『グローバリゼーションと国際強制移動』（勁草書房，2009 年），『国際強制移動とグローバル・ガバナンス』（御茶の水書房，2013 年），『グローバル時代の難民』（ナカニシヤ出版，2015 年），Koichi Koizumi and Gerhard Hoffstaedter（eds），*Urban Refugees: challenges in protection, services and policy*, Routledge, London, 2015,『多文化「共創」社会入門』〔共編著〕（慶應義塾大学出版会，2016 年），他

グローバル・イシュー ――都市難民――

2017 年 1 月 5 日　初版第 1 刷発行

著　者　小　泉　康　一

発行者　中　西　健　夫

発行所　株式会社　ナカニシヤ出版

〒 606-8161　京都市左京区一乗寺木ノ本町 15

TEL　(075)723-0111

FAX　(075)723-0095

http://www.nakanishiya.co.jp/

装幀／白沢 正　印刷／創栄図書印刷

＊乱丁本・落丁本はお取り替え致します。

ISBN978-4-7795-1086-1　Printed in Japan.